惊雷无声

◉ 叶辉 著

图书在版编目(CIP)数据

惊雷无声 / 叶辉著. —上海:文汇出版社,2020.9
ISBN 978-7-5496-3304-3

Ⅰ.①惊… Ⅱ.①叶… Ⅲ.①报告文学-中国-当代 Ⅳ.①I25

中国版本图书馆 CIP 数据核字(2020)第 162568 号

惊雷无声

著　者 / 叶　辉
责任编辑 / 熊　勇
装帧设计 / 力扬文化

出版发行 / 文汇出版社
　　　　　 上海市威海路 755 号
　　　　　 (邮政编码 200041)
印刷装订 / 成都兴怡包装装潢有限公司
版　　次 / 2020 年 9 月第 1 版
印　　次 / 2020 年 9 月第 1 次印刷
开　　本 / 880×1230　1/32
字　　数 / 120 千
印　　张 / 6

ISBN 978-7-5496-3304-3
定　　价 / 48.00 元

目录

第一部曲 凛 冬

一 冰封的岁月 …… 001

二 温暖的秋天 …… 004

三 成长的脊背 …… 017

第二部曲 春 雷

一 惊蛰的蜕变 …… 026

二 一棵『摇钱竹』 …… 051

三 金色二分地 …… 065

四 倔强的『山脊』 …… 070

五 全镇首富 …… 079

103

六 『星火』燎原 …… 110

七 非凡的引领 …… 121

第三部曲 拔 节 125

一 成功背后的忧虑 …… 125

二 神奇的『废物』 …… 137

三 『一枝独秀』的水蜜桃 …… 145

四 求人生的最大值 …… 150

银龙合作社荣誉 …… 161

第一部曲　凛　冬

"黄鹂叫断春雨滋，墙东新笋齐人眉。"

早春时节，溪口小镇附近的人们开始在山间田头忙碌。

银龙谷里的鸟鸣声脆了起来，山谷间开始零星点缀黄色的野花，隐没在竹林间的人们透过竹梢传递着雷笋丰收的喜悦，又一年的雷笋季到来了。

虞如坤蹭了蹭胶鞋上的泥巴，顿了顿手中的铁钎子，抬头望了望远山。天边的幕揭开了一个角，他该下山了。

他早晨五点进的山，他用不着天光为他照亮，对自家的雷竹山，闭着眼睛都能摸着。哪一片林子该出笋，哪一片林子该养一天，都在他的脑子里。

虞如坤挑着今天挖的百把斤雷笋，沿着山路往下走。

银龙谷的山路透过晨光转了几十个弯，沿路挖笋的笋农与虞如坤打着招呼:"老虞,今儿笋怎么样?""老虞,今天笋价会不会上一些?"……

一个与百千笋农一样的中年男子,他也得清晨起来挖笋。他挖得笋并不比别人多,但他比别人挖的年月久。

虞如坤与雷竹打交道已经整整二十七个年头。

他的肩膀是宽厚的,这些年来一直担着这一担雷笋。这担笋有一百来斤,他并不感到重。每每感到有些吃力,回头望一望那鲜嫩的雷笋,脚下便又生了风。

虞如坤挑着雷笋进了山下的宁波市奉化区溪口农民合作经济组织联合会。他把雷笋倾倒在合作社的车间里,开始与其他笋农一样过磅称重。

老虞开始和当地的笋农交谈。

当地的农民关心的是今年鲜笋的价格,鲜笋加工后油焖笋、羊尾笋的销售形势。这一切得虞如坤操心,他这一身担子其实是不轻的。

合作社的门口挂着六块牌子:

中国林学会竹子分会奉化服务站;

宁波市奉化银龙竹笋专业合作社;

宁波市奉化区竹笋专业技术协会;

宁波市奉化区溪口镇农民合作经济组织联合会;

宁波市奉化区溪口镇现代农业服务中心;

宁波市奉化区竹笋产业农民合作经济组织联合会。

人们口中的老虞，担任着这些组织的会长、站长。

这个土生土长在溪口的农民，他的生活和周围人看来似乎并无二致。但在国内的竹笋圈里，他却有一个响亮的称号，被众多国内竹子研究专家誉为"雷笋界的袁隆平"。

雷笋对于虞如坤来说，就像自家的孩子。各种有关雷笋的事项熟稔于心。

雷笋于溪口这个江南千年小镇来说，是一块宝。它滋养着溪口笋农们的生活，同时也为政府农业总产值添上了浓墨重彩的一笔。

从雷竹零星的种植，到有规模、规范化、科技化的栽培，虞如坤倾注了他半生的心血。

从个人的发家致富，到带领全镇笋农共同走向小康之路，虞如坤投入了他生命中所有的热情。

从大地母亲怀抱里汲取养分，到反思、反哺，虞如坤没有忘记作为一个农民的本分。环保意识和严守农作土地的底线，虞如坤时刻记挂在心间。

从那冰封的岁月里，熬到温暖的秋天，再次迎来中华人民共和国绚丽的春天。

虞如坤如同这片神州土地上千千万万的农民一样，在自己生命的篇章里翻山越岭，历经无数次生死磨难的蜕变，最终幻化成翠绿一片……

一　冰封的岁月

惊蛰。

春雷始鸣。

天空乌压压的云罩住了山。震雷轰得树林子左右摇摆,闪电劈开冻锢已久的山丘。

大地开始萌动,它,苏醒了!

1976年的江南小镇——奉化溪口,仍旧安谧地沉睡在蜿蜒绵长的浙东四明山脉怀抱里。

溪口镇地处四明山麓,地形特征属山区、半山区。地势西北高、东南低,东南部有地势平坦的小平原,水草丰美。城镇凹陷于半山区内,遮风避雨,人们的生活受老天的眷顾。

西北天台山脉与四明山脉交汇,海拔最高处黄泥浆岗主峰976米,多高山峻岭,东南地势平缓,属多山为丘陵盆地。

溪口镇四季较为分明,温和湿润,属亚热带季风性气候。年均气温16.3℃,降水量1350至1600毫米,日照时数1850小时,无霜期达到232天。

此处自然资源极为丰富。拥有林地509600亩,森林覆盖面积89.7%,主要河流有剡溪、筠溪、周坑溪、细溪、状元岙溪等,建有亭下、驻岭两座大中型水库。

如此得天独厚的自然环境、气候条件为下文中的那人间鲜物提供了优越的生长空间。

山里的春物已嗅到春的气息，从僵硬的泥土里挣扎着冲破封印在身上凛冬的禁锢。

四明山里的春物多，有一样鲜物却是各地罕有。

它顶着松软的黄土，露出鹅黄的笋尖。在泥土下面粗壮的笋根部，已经积蓄一个冬季的力量。待到春雷一响，便"一雷满山笋"。此鲜物谓之雷笋。

"稻草扎秧父抱子，竹篮提笋母怀儿。"稻草与秧苗相互依偎，竹子怀抱竹笋犹如母子相亲。此联巧妙地描述了竹子与笋的相互关系。奉化溪口的雷笋源于山野雷竹，后被人移植到庭院之中，经过栽培，从零星种植，一直到人工成林培育，形成规模。

最终在2018年第十一届中国义乌森林产品博览会上，奉化溪口被中国林学会正式命名为"中国雷笋之乡"。

鹅黄的笋尖，腰部深埋于地下。

顶开厚厚的泥层，便穿越了遥远的时空。

荒山野岭的孤寂，随着一声惊雷，雷笋走出了深山，进入了千万户人家的菜篮子里。

奉化晚清文史资料《剡源乡志》记载："雷笋，惊蛰时出。"为奉化溪口的雷笋证明了出身。

相传晚清时期，奉化县剡源乡（今宁波市奉化区溪口镇）三石村有户人家，主人名叫赵智德，出身于书香门第，以教书为生。空余时候,赵先生生性淡雅,亦喜欢种植竹子,陶冶心性。平日喜欢钻研医学,常为村民诊脉除疾,行善积德。

一日,他上山去采草药,在一处悬崖下荆棘丛中,瞧见几棵模样不同于平日所见的竹笋。便采撷回家,当晚烧作菜吃。吃完以后,他觉得此笋与其他竹笋不一样,味道特别鲜美。

数月后,当赵先生再次经过悬崖下时,看到原来小小的竹笋已经长成高高的竹子。出于对竹子的钟爱,他便挖了几棵竹子背回家,栽种在庭园里,作为观赏竹加以培植。

次年开春,雷声一响,竹园里就冒出一棵棵稚嫩的竹笋,赵先生感到十分高兴。欣喜之余,心想这莫非是天上雷公菩萨所赐,于是他稍加思索,给竹子取了一个好听的名字,叫"雷公竹"。直到后来,为了顺口,村里人习惯称之为雷竹了。

此后,赵先生常在竹园摆开棋谱与人对弈,或独自吟诗作画,修养身心。出笋季节,他乐于把笋送给邻里乡亲分享,其乐融融。

他还启发其他村民在房前屋后种植雷竹并亲自传授技术,雷竹才在三石及邻村一带开始有了零星种植,当时有"一雷满山笋,一夜长七寸"农谚(摘自《奉化市志》),一直流传至今。

赵先生的儿子赵申志,出类拔萃,仕途平坦。1912年其毕业于浙江官立法政学堂,31岁以后,涉足官场,任过浙江黄岩、嵊县、广西隆安、山东泗水县知事及其他地方官员,缘于其乐于行善,加之职业之便,就把家乡的雷竹引种到他乡,久而久之,逐渐扩散开去。

  时空转回到1976年的初春，剡溪边上的山村里饥荒蔓延至每家每户的门扉里，甚至是梦里。

  溪口镇湖山村下周家自然村是一个跟中华大地上千千万万小村落一样的农村。

  湖山村1949年村名称"过水渡下"。1949年后成立湖山村，当时属住湖乡，1953年划入溪口镇，1958年划入红旗公社，1961年划入溪口公社，1982年成立湖山村村民委员会。全村由朱岙、同岙、下周家、后孙、虞家、上周家、畸山坑、湖山桥头8个自然村组成，在册农户2031人。全村有山林2481亩，耕地1246亩，主要农作物有雷竹、水蜜桃、花卉等。

  下周家村当时就是其中一个典型的贫困村落，里面生活着一天到晚愁着温饱的人们。在初春时节，人们的米缸开始见底了。

  一位脸上布满沧桑的农村妇女，背着锄头，开始找寻已经露头的雷笋。她有六个孩子，这六个孩子正在成长，他们的身体需要源源不断的营养。可是，那个年头，能填饱肚子就已经不错了。

  哪里去寻给孩子补充营养的食物呢？

  家里已经开始吃生产队里的"借粮"了，这"借粮"是生产队里的储备粮食，在村里青黄不接的时候，接济村民的口粮，到了打下夏粮后再还给生产队里。这些粮食是给孩子们吃的，她和丈夫只吃廉价的"麦穗饭"。

这"麦穗饭"是由麦子收割后,打下麦子颗粒后,剩下麦穗头,打碎,再压制成饼状的粮食。这东西不仅口感极差没有营养,而且吃下后不通便。年口不好,大多数人家都吃不饱饭,只能凑合着。

锄柄被她粗糙的双手磨得滑亮,她小心地一锄一锄挖下去。家里晚餐桌上的加菜就靠这几棵刚刚露头的"大地雷笋"了。她寻遍了家居屋子前后的小园地,搜寻着每一寸地界。

终于,她拎着竹篮子满意地离开了。大地的恩赐让她暂时有了一顿较为丰盛的晚餐。

十六岁的虞如坤是这位淳朴妇女家中的一个孩子。他此时正往嘴里塞进一块红烧雷笋。"半大小子,吃穷老子",他的肚子好像永远填不饱,晚上睡觉转一个身,就饿了。

1976年,全国人民的肚子和虞如坤的肚子没什么分别,他们的肚子也在夜里后半晌,开始提出抗议。

虞如坤静静地躺在单薄的床褥上,他不敢怎么动。

一动就更饿,他只好静静地回味着,那些鲜美雷笋的味道。那些红烧雷笋,他也并没有吃到很多,因为家里的人实在太多了。母亲和父亲基本不太动筷,想到这里,他心底泛起一阵酸楚。

他裹紧了棉被,想,总有时候能让父母撒开了吃,全家、全村子撒开吃。睡着的时候,他梦里长满了漫山遍野的雷笋,任人采挖。

烤笋 孙曦中 摄

虞如坤的这个梦想在那极不平凡的一年中，甚至代表了中华大地上大多数劳作者日思夜想的内心的渴望。

他们对小康生活还遥不可及，身体与思想却经受着前所未有的巨变。用"天崩地裂"来形容当时的情形毫不为过。

中华人民共和国的"天"塌了下来。1976年，中华人民共和国的周恩来、毛泽东等几位国家领导人相继逝世。

中华人民共和国的"地"裂了开来，河北唐山发生7.8级大地震，人们的生活处于贫困不安之中。

巨大的阵痛换来的是国家历史性的蜕变，延续十年之久的"文化大革命"在那一年的10月结束。大地开始悄悄地愈合它被撕裂的伤痕，它把一切沉重的过去埋了下去，化成日后破土而出的兴邦之力。

淳朴少年的梦实实在在，他做梦也想让自己的肚子填得饱饱的，让自家人能够不至于半夜饿醒。他脑子里那片未被开垦过的荒地，他想在那里种上成片的雷竹，让它生根发芽，漫山遍野。

1977年，中华大地上，高考开始恢复。

浙江省宁波市奉化县溪口湖山村下周家，这是个依溪傍山的美丽小村庄。

这一天，虞裁缝紧着眉头，拿着剪子的手，半天没下剪。

他理了理脖子上挂着的皮带尺，拉了下来，扔在了桌子上。隔壁的周婶过来问："虞师傅，我女儿那条裤子可以拿了么？"虞裁缝收起思绪，回道："明天下午来拿吧！"说着他迈出了门，颠着右脚,往溪边的地头走去。

虞裁缝的脚有些跛,他并不怨天,反而有些感谢老天爷留下了他这条命。

在日本侵华期间,溪口也遭到了日军疯狂的肆虐,他们从天上扔下炸弹,夺去了无数条普通老百姓无辜的性命。虞裁缝眼睁睁地看着离他只有十几米的伙伴,被炸成一团血肉。他幸而只是被弹片划伤了右脚跟,命是保住了,却也落下了残疾。

他找到了在地头劳作的妻子。夫妻俩坐在了剡溪的旁边。

剡溪,九曲,溪水逶迤,两岸青山。剡溪是一条有着千年历史的古溪,它不光两岸风光旖旎,在它的另一面,还流淌着不朽的山水人文的华章。但凡读过李白的《梦游天姥吟留别》的,都会被诗中所写的"我欲因之梦吴越,一夜飞度镜湖月。湖月照我影,送我至剡溪"这样的诗句所吸引。也可见这位古代卓越的诗人对剡溪有着无限的怀恋。人杰地灵的剡溪两畔孕育着有胆有识的新一代中华农村人。

两人静静地在溪边坐了会儿,谁也没有开口。虞裁缝眼望着那一弯碧水,汩汩流淌。

它水底的鹅卵石清晰可见,千百年来自顾流淌,无论风云如何变幻,依然一路欢歌,奔流向前。

他用余光瞥了瞥身边这位女性。她的脸已经失去了少女的模样,他甚至已经回忆不起妻子刚刚过门时娇嫩的面容。生活,太难熬了。

他的心底泛起了一股莫名的感激，家里六个孩子她一手拉扯大，生产队里农活都是她没日没夜地干着，为了多挣几个工分，手上磨破多少个血泡，从来不跟他言语一声。现在几个孩子都长大了，她也不肯歇下来。

他叹了口气，说："阿坤，考上溪口高中了。我们村只有三个孩子考上，读不读，我来问问你的意思。"

虞如坤的母亲拉了拉老伴儿抻歪了的裤脚，说："阿坤这孩子没敢跟我说，我知道他的心思，他想帮家里做活了。书，他不想再读下去了。队长早上也跟我说了这个事情。我中午也思量着跟你商量商量。"

农村里没有其他的收入，全国各地的农民都靠挣工分来养活一大家子人。在生产队里，能读完初中的孩子寥寥无几，更别说放弃挣工分的机会，送一个壮劳力去读高中了。

虞如坤也明白这个道理，十六岁的他比其他孩子都成熟。家里的老父亲眼睛也渐渐不行了，裁缝的活计，没了眼光，等于失去了赖以生存的支柱。

这个半大的小子早就在心里有了决定，放弃上高中的机会，去生产队里，帮家里挣工分，补贴家用。他没有跟任何人说过自己考上溪口高中的事情，决定悄悄把这事儿瞒下，也少让自己的父母兄妹们操心。

虞如坤的母亲侧过头问："他爹，我就不明白一件事儿，你说，这地是该咱们一辈子种下去了吗？我们种了一辈子，阿坤他们这一代,还会种一辈子的地,还要挨一辈子的饿吗?"

虞裁缝闭上了眼,他深深地吸了一口气,说:"这事儿,我们是想不明白了。让阿坤他们这辈人去想吧!只是又要辛苦你了。"两人握紧了满是老茧的手,他们弄不清楚明天会是怎样的一个天,但心里清楚无论多久,天总是要放晴的。

晚饭的时候,一家人开始叙叙家常,聊聊田间地头发生的琐事。今天的饭桌独独缺了虞如坤。他的心里充满了无奈与哀伤,他甚至忘记了饥饿。母亲知道他在哪里,父亲也没有发问。只有饭桌上的兄弟姐妹们,开始注意到虞如坤的缺席。

父亲摆摆手说:"吃自己的饭!"

虞如坤坐在剡溪边埠头,埠头上这块石条已经被磨得有了岁月的痕迹。石条是用来拴系竹筏子的。剡溪上的竹筏子用来运输毛竹、茶叶、毛笋、芋艿、盐、布等商品。剡溪源于嵊州,史上早有"剡溪九曲"胜景。虞如坤知道沿溪古迹迭续,历代众多诗人学士或居或游,大家有李白、王羲之等均留下了无数咏剡名篇及趣闻逸事。

阿坤年幼就被这条熠熠生辉的溪流深深吸引,他向往着那些文人墨客在山水之间留下的狂放洒脱,亦幻想着奔腾而去的剡溪到底流向哪个新奇的世界?

阿坤有了心事,就坐在这块石条上。石条沉默无言,它不会说话,但是阿坤有什么心事都跟它述说。他想把今天留给自己。他得熬过今天,熬过了今天,也许心里的哀伤就不那么痛了。

阿爹阿姆的年纪渐渐大了起来。他经常会不经意看到母亲撑着腰洗菜,她那条腰由于常年的田间劳作,已经快弯不下去了。父亲脚不方便,不能下地,就没日没夜地给人做衣服,为了赶工,能多赚几块钱,给自己上学用。父亲的眼睛一到夜晚就流泪,熬着夜继续赶工。

其他的兄弟姐妹早早就放弃学业,跟着母亲下地干活。他在家里算是会读书的一个,大家都尽量不让他做活,有什么好的也让着给他吃。想到这里,阿坤的哀伤似乎减轻了一些。他明白自己跟普通农家的孩子没什么两样,到头来还是得在生产队的田地里找饭吃。

阿坤的阿姆刷完了碗,孩子们经过白天一整天的劳作,倒下就睡着了。父亲又在赶周婶的那些活计,他再次确定地跟自己的妻子说,让家里唯一能读书的那个孩子读下去。

阿坤的阿姆知道自己的儿子在哪里。她手里拿了两个馒头,朝溪边埠头走去。

远远地,她瞧见了儿子的身影。一动不动地坐在那里,她在心里叹了口气。十六岁的孩子,身子骨不见长,瘦瘦小小的,一下学抢着干家里的活,从小就明白"勤力"两个字。

她只能叹气,那田间里的苗子再好,没有肥料,怎么能长得滋润呢。

阿姆坐在了溪边埠头的石阶上,问:"阿坤,饿了么?"

阿坤摇了摇头。

晒笋干　胡锡龙　摄

阿姆说:"你现在初中读完了。明天开始跟着大哥下地吧。"

阿坤点点头。

阿姆说:"好歹在夏日里,你得把你自己上高中的学费挣上一些。"

阿坤的眼睛突然亮了起来,他跳下石条子。问他可爱的母亲:"阿姆,你知道了?"

阿姆微笑着点了点头,说:"你可是我们家的状元呢,全村子的人都晓得的。"

阿坤突然又坐下了,他依偎在母亲的身边,说:"阿姆,我不去读高中了。你和阿爹年纪都大了,我不能再让家里拿出钱供我读书了。"

阿姆知道这个孩子的脾性。倔得很,有时候倔得像四明山上的石。

阿姆往儿子手里塞了馒头,她指着对面的山说:"阿坤,你看看对面那是什么?"

阿坤咬了口馒头说:"那不就是座山么?"

阿姆说:"阿姆也知道那就是座山岭。你看,我都知道那是座山岭,那你知道还有啥用?你再看看你面前这是什么?"

阿坤说:"这不就是条溪水么?"

阿姆说:"我也知道这是条溪水,咱们村子里谁都知道,那是座山,这是条溪。但阿姆想让你以后知道这座山、这条溪,能不能不光就是座山,不光就是条溪,能不能变着法儿,给我说出个其他的门道来?"

阿坤看着这个生他养他还时不时骂上一顿的阿姆,他简直不敢相信这是一个只知道干活的农村妇女说出的话来。

阿姆继续说:"太苦了。阿坤,你知道咱们一家累死累活,一年能攒下多少口粮吗?是没有!你看看你,瘦得皮包骨头,个子还没锄头柄高。阿姆不想你的孩子也活成这样啊!"

阿坤和着眼泪把两个馒头都咽下了肚。

他不再说话了,他拉着母亲的手。眼望着对面黑漆漆的山岭,他发誓要让那座山生出金矿来,要让今天阿姆说的话散出枝叶来。

二 温暖的秋天

1978年10月下旬,秋开始深了起来。中华大地悄悄发生着季节的变化。

溪口湖山村下周家边上都是金晃晃的山岭子,山里的野果子开始露出各种颜色。野栗子、猕猴桃、乌饭子等野果都成为了孩子们口中的美味。

从山上望下来,金灿灿的晚稻田,规规矩矩一块一块地嵌在各个生产队的地界里。

人们从凌晨三点开始抢收。江南的晚稻要赶在农历霜降之前收割完毕，一旦到了霜降，地面上如同揭了被，温度骤然下降到0℃以下，地面水汽就会凝结在溪边、桥间、树叶和泥土上。受潮气影响，到那时的谷粒将不再丰实。

垂在田间的谷穗，是那么吸引人。它是农民们过冬的希望，也是全国大粮仓里最重要的粮食补给。湖山村下周家的人们拿出十二分的精力，投入到这场轰轰烈烈的抢收战役中。

已经读高二的虞如坤也投入到了这场抢收战役中。他的身子壮实了许多。割稻的时候，速度上大哥已经拉不下他了。

湖山村下周家三队和九队的两块稻田相邻，两边割稻的男女都熟识。这边有三队过门的媳妇，那边有九队同族的堂兄弟。割稻休息吃饭的工夫，大家都坐在田头聊天拉家常。

不过熟识归熟识，两个队之间的壮劳力们可都较着劲。一亩地开镰，两边的男人们都盯着对方，不敢有一丝的松懈。一旦落后，晚饭的时候，就会成为调侃的话资。

三队有个十级劳力叫"大陈子"，膀大腰粗。从小力气比一般人大，过年村里祠堂捣年糕的石臼要挪地方。三个男人抬不动，他一个人喝了壶白薯烧，喊声"起！"石臼就挪了地方。可是从小发烧落下了毛病，脑子烧坏了，到现在也没娶上个媳妇。光生气力，不长脑子。大陈子可是三队的宝贝，在田里，他像开足马力的机器，没有停下来的时候。

这天，大陈子早上喝了瓢凉水，拉了肚子。结果，这天收割稻子，从来没有得过第二名的三队，被隔壁的九队落下一大截。

吃晚饭的时候，大伙都调侃他，是不是昨天晚上想媳妇了没睡好觉。

大陈子气得只吃了十个包子，平常他能吃十五个。队里都指着他干活，随他放开了吃。第二天凌晨，他二点开始下地割稻。九队被三队整整超了两个多钟头，收工的时候，大陈子也不走。坐在田头，指着三队的人，说他们是昨天晚上跟老婆睡多了，脚软了。

九队的男人们被一个傻子奚落，咽不下这口气。隔天，一点就开始下地，等大陈子到地里，稻子已经躺倒了小半亩。大陈子发起愣来，谁也挡不住。过天，全村的生产队里都传着，三队的大陈子十一点下地，都还没过晚间十二点整，就开始割稻子。九队的人都傻了，这是干活还是拼命啊？从此再也不敢跟大陈子斗气了。

虞如坤趁着学校里的农忙假，开始承担更多的农活。每天凌晨一点跟着大哥下地收割，挑谷担，打稻穗，身体的疲乏可想而知。

但是他的心里是充实的，在学校里，他能够获得比同龄人更多的学习机会。他的同学们都来自农村，大家身上的衣服是一样的，每个星期带的菜盒子，里面的菜也是一样的。

苦，对他们来说像是伴随着他们的益友。

"人靠咸齑饭，地靠草籽烂。"这是当地的一句俗语。

地里荒得紧，没有任何肥料去补充大地的营养，只能靠人工播撒草籽，学名"紫云英"，成熟以后，让其烂在地里，充作肥料。人的身体同样也荒得紧，一年到头见不到什么荤腥。

虞如坤又踏上了这条弯弯曲曲的石板路。每次踏上这条路，他的血就沸腾起来了。

踩在光滑的石板条上，他的脚步是轻松的。繁重的农村劳作，让他还未成熟的身体不堪重负。学校里的高中学习生活成为了他放松身体，甚至是休闲的时光。

他的书包里叮叮当当地响，里面放着四个搪瓷杯，里面塞满了咸菜。这是他一个星期的下饭菜。米袋子里，装着七斤米，这是他一个星期的口粮。他是幸运的，母亲心疼他正在成长的身体，给了他足够的口粮。有些同学来上学，打开他们的饭盒子，里面没有一粒米，只有两段红薯，作为口粮。

上学每个星期的菜盒子里，唯一的菜就是咸菜。这个咸菜还经过阿姆用盐炒制，那是咸上加咸，一口咸菜能下半盒子饭。

奉化溪口本地方言把咸菜称作"咸齑"，这个菜由雪里蕻腌制，一般人家腌制在一口大缸里面，作常年的饭桌上的长菜。没有营养自不用说，为了增长食用时间，加入了大量的盐，只剩下齁重的咸味。虞如坤和他的小伙伴们高中就靠咸齑度过。

但是四个搪瓷杯的咸菜可不够半大小子的虞如坤吃，一到星期四，这菜可就断了。陶瓷杯开始见底，虞如坤和他的同学们在当时溪口中学的后院里，种植了一些容易长的菜蔬，作为补充的菜品。

在这艰苦的岁月里,虞如坤并没有放弃独立思考的习惯。

全班四十多个学生,当时数学老师布置了一道难题作为回家作业。这道题目难倒了所有的人,大家回来上学的时候,题目都是空着的。于是开始纷纷在早自习上,抄袭一位同学的答案。上数学课时,老师着重表扬了一位同学。这个人就是虞如坤。全班并没有一个人答对这道题目,但只有虞如坤的答案是跟其他同学不一样的。老师在表扬虞如坤的同时,告诉同学们:即使是错误的答案,也不要失去独立思考的能力。

虞如坤在往后的生活中,始终保持着这一良好的习惯。各种农业的科技实验,通过亲身实践,即使发生错误的结果,对于他来说,也是另外一种成功。

1978年之前的中华人民共和国农村大地,它安详,却失去生机。

人们敞开着自家的大门,里面一无所有。

人们来到引以为豪的土地上,在土地上面收割的粮食,还喂不饱自家屋顶上那几只家雀儿。

几亿人张口要吃饭,靠祖国母亲是喂不饱所有孩子的。

中华大地上有的是生的希望,大片的山林田地,埋藏着无穷的食粮。人们开始改变自己的思维,走出千百年来农民顺天吃饭的固定模式。他们要在土地上翻腾,他们要在山林间搅起呼啸的风暴。

1978年11月24日,中华人民共和国安徽省凤阳县小岗村18

户农民,以敢为天下先的胆识,按下了 18 个手印,搞起生产责任制,揭开了中国农村改革的序幕。

历史总有惊人的巧合,就在这些农民按下手印后不久,党的十一届三中全会在北京人民大会堂隆重开幕。在关系国家命运和前途的严峻历史关头,以邓小平为代表的中国最高层领导人和最底层的农民们,共同翻开了历史新的一页。

这个穷得掉底的小村落从而成为中国农村改革的发源地。

小岗村实行"分田到户,自负盈亏"的家庭联产承包责任制(大包干),拉开了中国对内改革的大幕,国营企业的重大改革——自主经营权、自主调控市场等一系列的措施,带动着整个中国的腾飞起步。

这些历史性的改革,正在全国各地蔓延。小岗村的农民们开始尝到了甜头。他们的饭碗开始不再为下一顿发愁,他们自家的粮库开始充实起来。

国家粮库并没有因为他们的责任田承包而萎缩库存,反而是日益充盈。生产队的队长们不用再应付偷奸耍滑的二溜子们了,人们不等日头出来,就开始侍弄自家的田地。邻里之间开始相互赠送自家种的菜蔬、瓜果。他们干瘪的脸上有了丰润的颜色,走路虎虎生风,担起粮食来的腰杆挺得笔直。

湖山下周家同样也在发生着翻天覆地的变化。

祠堂外墙上鲜红的"人民公社""割资本主义尾巴"等标语,渐渐失去了原有的色彩。雨水不断地冲刷着这些即将消失的文字,但即将消失并未意味着已经消失。

一切劳动由队长分配,绝大多数社员依赖集体计划经济生活,记工分、分口粮、集中耕作、统一分配收入……人们对这种生活已经习以为常,大多数农民家庭还住在土墙、灰瓦、屋顶竹结构的房屋里。他们头上的这片天渐渐散开了阴霾,他们马上要揭开这灰色的屋顶,迎接灿烂的阳光了。

虞如坤家也不例外,在他的记忆里,这所自他出生以来就开始修修补补的土墙屋,就是他赖以生存的家。

这样的房子易腐朽,由此也导致了下雨天屋里漏水的现象。虞如坤最害怕的是雨天,冬天可以挡得住风,但是下雨的时候就没有办法了。最凄惶的时候是下大雨时,房顶漏水,家中盆桶罐之类的容器得全部用上,晚上是无法安睡的,整夜听着"叮叮咚咚"的雨水协奏曲。但漏水还不是最令人担忧的事,最让人恼火的是墙脚浸水。雨水慢慢地渗进房子,里面铺的是泥土地,就会变得泥塘一般。

村里大多是老土墙房,通常没做什么基础,经年累月,墙脚被老鼠打了好多洞,雨水会从洞中浸进来,浸湿家中还是小事,最主要的是担心土墙会被泡松垮塌。下几天的大雨,房屋倒塌,人们失去祖辈传下来的房子的事情也经常发生。所以,每当下大雨,家里的盆桶罐都得派上用场,开始接漏水。

居住的环境虽然恶劣,但随着农村的通电,虞如坤和他伙伴们的娱乐生活也有所改善,生产队里唯一的一台黑白电视机每到七点,电视里就出现了赵忠祥播报新闻的身影。

虞如坤每次都坐在头排,双眼紧紧盯着电视机里传出的各种讯息。这些国内外的新闻带给虞如坤的是那个广阔世界日新月异的变化,同样也让他感受到湖山村下周家的贫穷与落后。

已经读到高二的虞如坤,身板不再那么瘦弱。心里有了自己的小算盘,家里的粮食永远不够吃,他决定去找荒地,自己开垦一片荒地出来,种植粮食。寒假的间隙,他扛了一把锄头,往山坳里寻。

湖山村下周家背靠着一座小山丘,进山口往里百米左右有块洼地。虞如坤看中了这块地。他拨开半人多高的杂草丛,向下掘了几锄头。

发现这是个旱塘,地面不硬,往下挖就是淤泥。估摸着大概有二分地。

以前应该是生产队放牛的地方,牛到夏天就爱泥塘,牛在水塘里,既凉快又免遭蚊虫的叮咬。在塘里屙下的屎尿劲道足,看这片野草的长势,足见泥里的肥料丰沃。

水干涸以后,就再也没人来这里放牛了,渐渐变成了一块杂草疯长的荒地。

虞如坤开始开垦这块荒地。生产队里的荒地并不纳入生产队的农业经济收入,只要队里没划分掉,个人就可以自行开垦种植。这是生产队里不成文的规矩。

他锄掉了旱塘里所有的野草,晒干后,煅成了灰,作为初次耕种的基肥。接着细细把地归置了一遍,划分了两垄出来。开了引水沟渠,翻耕了两垄土,再和上煅好的草灰。最后种上了秋萝卜。

虞如坤因为种下的二分地萝卜闹了个大红脸。

萝卜在九月种下,朝北向的地势,刚好遮住了猛烈的阳光。加上虞如坤从生产队牛棚里担的牛粪,萝卜"呼呼"地长。萝卜缨子绿得喜人,叶子上都快冒出油来了。

虞如坤隔天删些萝卜缨子,以免萝卜长得太密集。这萝卜缨子也能摘回家当菜,调调口味。这两垄萝卜缨子漂亮,如一尾竖得朝天的公鸡大尾巴。

虞如坤美滋滋地等着这些尾巴成熟,变成家里过冬的粮食储备。没想到等来的是生产队里的通知。告知他萝卜全部收缴充公,作为资本主义尾巴,全部收归集体。私自种植的萝卜每棵按五角钱计入队里公账。

这是自1966年"文化大革命"开始,最后一波所谓的"割资本主义尾巴"的余波。当时农民的收入,一年大概也只有百元左右。

五角钱一棵萝卜,对虞如坤来说,是笔天文数字。他含着眼泪开始拔那些萝卜。拔一棵,掉一串眼泪。他还是个孩子,他不明白,自己开的地,自己种的萝卜,怎么就成了什么"尾巴"了?

他坐在萝卜地头上,秋日下午的阳光已经不是那么犀利。他抬头望了望即将西沉的夕阳,心想也该换天了。

1978年,党的十一届三中全会作出了实行改革开放的重大决策。改革的春风将吹遍中华大地,也将舒缓地吹进湖山村下周家这个普通的小山村。

三　成长的脊背

1979年的农历春节,依然延续着冬的寒冷。

虞如坤家老木屋的屋檐下垂着冰柱子,透过那有些混沌的冰柱,阳光折进了屋。

他还有半年的高中生活。当时的高中是二年制,读完后他不知道过些什么样的日子。阿爹在村边溪流旁的机耕路上跌了跤,老腰损伤了,现在躺在床上。虞如坤心里烦躁起来,他甩了甩头,扛上扁担,出了门。

湖山村下周家附近矗立着各种大烟囱。附近多有窑厂,以烧制各类瓦片、砖头、缸类为主。烧制缸类的泥胎,必须取地下三到六米左右的坯土。上面的泥土需要人工挖掘,挑运。虞如坤听隔壁邻居窑厂在招工,他没跟任何人打招呼,扛上扁担就来了。

当时挑一天的泥,大概能够赚到三块钱,对于没有什么额外经济收入的人们来说,已经是不错的补贴了。但是这可不是一般劳力能够干的活计。

竹乡　管光金　摄

他的肩膀虽然厚实了些，但吃起百来斤的泥担来，还是吃力的。

冬日的风刮在溪口的剡江边，割得人脸生疼。挑了一会儿，虞如坤倒不觉得冷了，力气出了，汗珠子也下来了。越往下挑，泥越湿。他干脆脱了那双已经破裂的解放鞋，光着脚往上挑泥。挑着挑着，那脚就不是自己的了。冻得开始麻木，只知道一步一步往前走。

回到家，母亲的眼泪就下来了。虽说虞如坤过完年已经19岁了，但毕竟是个读书的孩子。不像早早在田地里干农活的，哪有什么力气。再说家里没任何能够补充营养的食物，虞如坤的个子比其他孩子矮了不少。

母亲烧来了热水，说："阿坤，明天别去了。这活，不是你这个年纪的人干的。"

虞如坤笑了笑，说："没事儿，我先锻炼锻炼。等大哥去当兵了，我得顶上啊！"

母亲明白虞如坤的心思，大儿子要去参军了，家里的主要劳力少了一个，阿坤知道他得加入到家庭的劳动里来了。

脚烫过了热水，还是没有什么知觉。整整一天的劳动，加上冰冷的天气，把虞如坤的脚冻成了冰棍。他钻进了被窝，直到一个多小时后，脚才开始暖和起来。他感觉脚底隐隐作痛，抬起脚一看，右脚的脚底里，嵌进了一块玻璃碴。他拿针挑那块玻璃碴，反而越挑越深。不得已，只好叫起了母亲。

母亲边挑边流泪,这得冻成什么样啊?才在这么长时间以后觉着疼。

她问道:"疼不?"

儿子说:"不疼,反正都麻了。使劲挑!"

她挑完后,给他缠了条布,说:"明天可不准再去了!"

第二天,等母亲出了门,虞如坤还是扛上扁担去了窑厂。

阿爹暂时是做不了裁缝的活计了,虞如坤吃完晚饭,来到了那条让他阿爹跌倒的机耕路。

机耕路是农机具(拖拉机、收割机等)出入田间地头进行农田操作的通道,通常都是用黄泥夯实路基。

湖山村下周家的这条机耕路,有些年头了。自虞如坤记事起,它就有了。1949年后,为适应农业机械化发展的需要,从1956年起,公社里自筹资金,先后筑起供拖拉机行驶的机耕道路。

农民们下地、收割都靠着它,运输粮食、肥料也靠着它。路是打通农村各个村落的经络。这条路是建设社会主义新农村,连接外界的经济命脉通道,是农村脱贫致富的生命线。

可是如今这条路,已经变得满目疮痍。路上坑坑洼洼,到了下雨天,水坑大得能在里面游泳,黄泥飞溅,时不时有人摔倒在这里。天晴时,风一吹,漫天的黄土飞扬,迷得人睁不开眼。

由于长时间风吹雨淋、机械碾压,加之年久失修,路边种植农作物毁坏路基等导致路面不平,水坑满地,给村里机耕路的通畅带来极大不便,并且容易导致交通事故的发生。前阵子,隔壁村的运料拖拉机就在这里侧翻了。驾驶员由于不熟悉这里的路况,整个拖拉机都翻进了旁边的农田,到现在还躺在医院。

虞如坤坐在机耕路的旁边,思索着:明明是大伙儿都要走的路,可是为什么就没人来修一修呢?这么多年,人们踩着它,踏着它,从来不考虑它的感受。它带给人们粮食、财富,却从未向人们索取过什么。它不会说话,却会消失。如今它已经在渐渐地消失,这难道是对人们自私的回应吗?

虞如坤的思想是幼稚天真的,他不知道在人们经受饥饿的年代里,关注的只有自己的肚子。其他的一切,对于还在温饱线上挣扎的人们来说都是无关紧要的。

他拍了拍屁股上的黄土,叹了一口不像他这个年纪该叹的气,准备回家。

他的脚刚沾上路面,他突然意识到,他刚才愤愤然思索的自私的人们里面,就有自己。不错,自己不就是那些个在路上行走,走完了以后拍拍屁股走人的家伙吗?自私,说的不就是自己吗?刚才自己在那里装的伟人真是让人笑掉了大牙。

他笑了起来,笑着笑着,捂着肚子笑。他觉得自己给自己讲了一个大笑话,讽刺的就是自己。

他突然停下了笑,他决定修路。

修路这种事情,对虞如坤一个人来说,简直杯水车薪。他开始在每天傍晚和早晨挑土填路。

第一个发现的是早上去田里放水的老孙头。

老孙头惊讶地发现一个瘦小的身影挑着土,填着坑。于是他过去看看,他想看清这个人到底是谁?他发现是虞家的二小子。

老孙头问虞如坤:"你这是干啥?"

虞如坤低着头倒土:"路不好,填一填!"

老孙头说:"这是公家的事情,你一个学生娃娃,弄这个事情,你爹妈知道不?"

虞如坤担起空簸箕:"没告诉他们。公家不就是大家吗?大家不就是咱们大伙儿吗?再说了,这路,我也走的。"

老孙头摇头:"靠你一个人修路,等你修完,小鸡的爹都叫喽!"

虞如坤朝前走去:"孙伯,去年生产队的打稻机坏了,第二天就要抢收稻子。我记得谁都说要等农机站的人下来修,起码要等三天才能修好。可是第二天早上,打稻机就修好了。所有人都知道你在田里整整趴了一夜,硬是把打稻机拆开,再重新组装了一遍。你一个平常只会修手电筒的人,能把打稻机修好。我这只小鸡,相信也能等到天亮那个时候。"

虞如坤的一番话,把老孙头震在了原地。他万万没想到,一个读高中小娃娃能说出这样的话来。他甚至挤出了几滴老泪来。

这个倔强的娃娃,打心眼里让老孙头吃了一惊。

那次修打稻机的事情,起缘还是跟别人打赌,赌的是两斤老酒。起先,大伙都看热闹,跟他打赌的人,拿着手电筒晃他。

修着修着,他自己有些泄气了,这发动机实在太复杂了,不是他平常摆弄的那些小家电可以比的。

后来人越来越少,看热闹的都回去了。人们没有了耐心,连跟他打赌的那个人都放弃了赌注。老孙头也撂下工具,想回去睡觉。

月光下的田野静悄悄的,已经没人劳作了。河水漫了上来,河闸内的鱼儿,突然起跳,它们想跳过那道水闸,冲向外面的世界。

但那闸门实在太高了,老孙头只听到那些鱼儿"啪啪"拍打在铁闸门上的声音。那些声音像是拍打在老孙头的心上。他想,这是怎么了,这些鱼明明知道跳不过去,还用自己的命去拼。

他坐在桥头,双脚悬在空中。那些鱼儿就从他的脚尖飞跃过去,那些鱼在月光下泛着银光,然后直愣愣地掉进水里。他的眼里涌起了泪花。

老孙头咬着手电筒,又趴在了田里。这一夜,他换了三个手电筒。最后终于让打稻机转了起来。

他躺在沾满了露水的稻草堆里呼呼大睡。他觉得那是他这辈子睡过的最美的一觉。

虞如坤这小子干的事情,不正是自己干的事情吗?老孙头突然抽了自己一巴掌。心想:这么年轻的娃娃有这样的心思,自己还要打击他。我这是在想什么啊!

虞如坤一个人修路的事情第二天就在湖山村下周家传开了。

人们纷纷借着各种理由，跑过来看这个傻小子修路。有专门绕路到溪流边洗衣服的大嫂子们，有挑着柴草特地路过的大叔们，还有一些年轻的小子们，他们叼着烟卷，哼着歌，溜达来溜达去，看着虞如坤这个犯了傻的笨蛋一个人挑着土填着坑。

人们不相信他一个人能把这条长3公里，一路全是坑的机耕路修成。人们在饭桌上议论着，这虞家小子给自己挖了大坑，心想着看他什么时候能够爬出来。

虞家也吃饭，他们家在别人吃饭议论自己儿子的时候，也议论着自己的儿子。

虞如坤的父亲捂着腰说："这小子不知道长得像谁？牛脾气一样的东西。"

虞如坤的母亲笑着："还不是跟你一个模子刻出来的，认死理。这次你要不是在那条路上跌了一跤，他还不会去干那样的事情。"

父亲轻轻捶了捶腰，跟自己大儿子说："老大，你有空去帮他吧。这事不丢人，就当锻炼身体了。"

虞如坤大哥刚咽下一口饭，嘟囔着："有这么让人锻炼身体的吗？"

老孙头开来了自己家的拖拉机，后面装了一车土。他把自己儿子也拉过来了，他觉着是条鱼就应该穿穿龙门，谁说这条路就不是通往龙门的路呢？更多的人加入到了这支队伍中，这是一次没有组织、没有纪律的基建作业。

人们不计工分、不计报酬，有始有终地修完了这条机耕路。从此走在路上的人们，满怀欣喜，踏地有声。

这可能是虞如坤牵头带领湖山村下周家村民，干的第一件"傻"事。说他带领，可能有些夸大其词。至少他带出了人们心中那份不再自私、不再守着心中那片小天地的公德心。

这个愣头青靠着自己的倔劲儿硬生生地修完了这条"烂"路。

1979年的金秋，安徽凤阳小岗村打谷场上一片金黄，去年按下"生死契约"的村民们，开始了金秋的丰收。

"经计量，1979年安徽省凤阳县小岗村年粮食总产量66吨，相当于全队1966年到1970年5年粮食产量的总和。"

这是公社大会上社长拿着报纸在全体社员面前念出的一组数字。念完以后，所有的声音都沉默了。人们默默地抽着烟，或者低着头，心里盘算着那66吨该用几个麻袋来装下这些粮食。

虞如坤第一次代表虞家坐在了村里的大会堂里。公社里当天晚上召开的社员大会，让各个生产队的社员们感到了前所未有的震撼。

虞如坤此时已经高中毕业，参与生产队中的劳动。他开始四处打听这个神奇的小岗村。他想知道他们是怎么做到的？他们的生产队里到底有什么法宝让贫瘠的土地能够生产出这么多的粮食？

他渐渐意识到自己错了，伟大祖国母亲的土地并不贫瘠，相反，她是肥沃的。贫瘠的是人们的思想观念。

他不知道在浙江宁波这片土地上，已经有人悄然跟上了时代的步伐，开始实施农村土地家庭联产承包制。

1979年冬季的一天，宁海县桑洲村桑洲大队8个生产队悄悄地完成了一次变革——社员们分到了土地，这在浙江省宁波地区还是第一次出现。

1980年，秋后。

分田到户如同星星之火，开始燎原，迅速向宁海县的桑洲、岔路蔓延，共有7个村18个生产大队实行了春粮生产包干或包产到户。到了第二年春季，春粮一季收成超过了往年队里经营的全年粮食产量，解决了温饱。

这一做法在所有宁波生产队中引起了极大的反响。虞如坤所处的湖山村下周家也开始实施这一改变农民兄弟命运的变革。

要知道，当时农民生活长期处于温饱水平，部分"粮食靠返销、生产靠贷款、生活靠救济"的"三靠"地区，更处在温饱线以下。

农民的收入更是寒碜。全市农村从20世纪50年代末到1978年的近20年间，农民从统一分配中所得的年人均收入超过100元的，仅仅只有其中的三年时间，最高的年份也只有109元。

究其原因，是旧体制加上计划经济的严密控制，农业经营过于单一，"以粮为纲，其他砍光"；劳动组织形式高度集中，干活大呼隆，"出工一条龙，收工一阵风"；分配上的平均主义大锅饭，"干好干坏一个样"所造成的。虞如坤深有体会,家里的米缸永远没有填满的时候,跟着生产队的队长出门干活一声哨,收工的时候热热闹闹,回到家里,吃的不见荤腥,能够填饱肚子就不错了。

从1979年到1983年的五年间,历经探索、试点、推开和完善过程,农村土地家庭联产承包制从宁海向四明大地逐步推行。

到1983年,全宁波地区有3.43万个生产队实行了土地家庭联产承包责任制,占到总队数的98.5%,113万农户承包了350万亩集体土地,宁波农村也成为当时杭嘉湖、宁绍经济相对较发达地区较早推行土地家庭联产承包责任制的区域。

宁波农村大地上的春天已经轰轰烈烈地降临,虞如坤翘首以盼的春天也终于开始萌芽。

为了使统与分有机结合,宁波地区在具体实施中掌握了三条原则:一是"耕者有其田"。人分口粮田,劳分责任田,全地区有近50%的生产队实行了这种办法;

二是坚持有统有分。从全地区4.9亿元的集体历年积累资金中,拨出近1亿元作为承包农户的"生产底垫金","钱跟田走",缓解承包农户生产资金的困难。大中型农机具由生产大队(村)统一管理,为承包户服务;

三是强化统的方面的服务功能。强调土地承包到户,绝不是集体经济的解体,明确村集体负有"综合服务、产业协调、资产积累、兴办企业"四大主要任务,不断壮大村集体经济实力,拓展为农服务领域。

三条原则,也反映了土地家庭承包后广大农民群众要求集体服务作为依托的强烈愿望,它为宁波农村中绝大多数村统分结合的双层经营体制的确立和新体制的健康运行打下了良好基础。

虞如坤家分到的责任田,经过一家人没日没夜地侍弄,结出了丰硕的成果。

各家各户的脸上也没了往日饥荒的颜色。人们再也不用着了慌一般,去借粮,用一些粗粮代替平日里的口粮了。

改革开放,这四个字,虞如坤能在报纸上反复看到。他并不能真正理解这些政策。但对他来说,二年的高中学习,隐隐让他认识到当下农村的生活不能满足于吃饱。真正能让生活发生变化的应该是改变农民的思想,从"面朝土地背朝天"的固定农村模式中走出来。

他寻找着能让自己的思想改一改、革一革的机会。

1982 年初春。

每年的三至四月,湖山村下周家的后山桃园一片绯红。从高处远眺,桃园就像一张粉红的巨型地毯铺在美丽的大地上,给周围的山山水水添加了许多春色;近看,一朵朵桃花竞相开放,给刚歇过冬的山坡,添了活泛的颜色。

这天,虞如坤刚刚参加完社员大会回家。还没等他推门进屋,他的母亲一笤帚打在了他的腿上。父母两人黑着脸在屋里等他回家。

"阿坤,你这是犯了什么混啊?"父亲攥着他的衣角问。

"阿坤,一年200元,把家里掏干净了,也拿不出这些钱来的。你赶紧给我去退了这个承包合同。"母亲急得脸都红了。

虞如坤早做了思想准备,家人的举动一点都没有在他意料之外。

他拍了拍母亲的肩,安抚了一下父亲,说:"您们先坐下,别急。我有我的道理。"

事情是源自今天社员大会上的山地承包竞标。

自从土地家庭联产承包责任制实行以后,队里所有的责任田分田到户,一些公共的山地反而无人管理。生产队里列出一些公共所有的山林等财务,公开招标。竞标者需要自负盈亏。其中有200棵桃树,公开竞标价是每年200元,三年起承包。

人均收入只有100元左右的湖山村下周家,对于这片桃林的承包价,村民个个咂舌摇头。有人说这片桃林能结果子才见鬼了。有人说就算结了果,卖给谁去,摘回家当饭吃吗?有人说到时候别再来一条资本主义尾巴,割得你血本无归。

村民们叽叽喳喳,现场没有一个人愿意承包这片桃林。虞如坤对这片桃林,并不陌生。他早向当地的农业技术员打听过,这片桃林的桃树是正宗的奉化水蜜桃品质。只不过以前的生产队疏于管理,导致结果率不高。再加上病虫害,无人及时喷药,一年下来没有什么经济效益。最多只够村里分几个果子尝尝鲜。如果精心打理这些桃树,两年内必定能提高产量。虞如坤胸有成竹地走上主席台,大家看着这个高中毕业才两年的小伙子,笑了起来。

有人起哄道:"回家要打屁股额!"

虞如坤的倔劲又上来了,他咬着自己的牙根,填写完承包责任书,郑重地按下了手印。

这是他人生中第一次按下的手印,他坚信能用自己的成功去堵这些人的嘴。

他回家后,细细地向父母解释了承包的理由。母亲还是不同意去承包这片昂贵的桃林,她说:"阿坤,现在家里总算不愁吃饭了。你可不能瞎折腾啊!我去向队长说说好话,让我们退了这个承包责任书吧!"

虞如坤这次并没有顺从母亲的意愿,他语气坚定地说:"阿姆,阿爹。记得我上高中的时候,阿姆告诉过我,能不能让那座山不光只是座山,能不能变着法儿说出个其他的门道来。我想现在告诉你们,我会用自己的能力,让那些在山上的桃林换个样儿。能让咱们家挣到别人想不到的钱。"

说出去的话,泼出去的水。可事情并没有虞如坤想象得那么容易。

桃树分布在几片山坡上,奉化水蜜桃的桃树并不高,约2到3米左右,主干分成三至五杈,三月开花,六七月水蜜桃开始成熟。

在虞如坤的想象里,只要付出劳动,水蜜桃就会自然成熟。可是在四五月份,桃树分别出现了不同程度的流胶病。

竹农经济　胡锡龙　摄

虞如坤发现在近百棵的桃树上，主干和主枝处，出现不同程度的肿胀，小枝条、刚刚成型的果实也均有病害出现。这下把他急得火烧了眉毛，四处求医，去找一些有经验的老果农取经。

最后他找到一位看了数十年桃林的老人。老人七十多，身体极差，说句话都费力。他住在萧王庙附近，离湖山村下周家大约有三十多里地。虞如坤提着糕点，央求老人去山上看看。

这老人的儿子哪里能同意，三十多里的地老人根本就撑不到那里。虞如坤这个才二十出头的小伙子急得直抹眼泪，"噗通"一声就给老人跪下了，求老人救救他的桃树。老人的儿子也犯难，说要帮你，我们也愿意，可我爹的身体，根本走不了路啊！

虞如坤二话没说，起身说，只要老爷子能给我去瞧瞧，我背也给您背到湖山。

第二天，虞如坤借了一辆木板拖车，铺上了厚厚的棉被。路上专捡有树荫的路走，老人也好多年没出门了，一路跟虞如坤说着以前看果园子的事情，不知不觉就到了湖山村下周家。

虞如坤背着老人上了桃树林子。老人摸着树干，指着已经发红的部位说，早春时候，桃树液开始流动时，会从病部流出半透明黄色树胶，尤其雨后流胶现象更为严重。流出的树胶与空气接触后，变为红褐色，呈胶冻状，干燥后变为红褐色至茶褐色的坚硬胶块。

虞如坤用手掰下树干部分那些已经变成红褐色坚硬的胶块。

老人接过胶块，说：已经病变的部分易被腐坏菌侵染，使原本成年的果树皮层和木质部变褐腐烂,侵害部分越多,树势就逐渐衰弱。桃树的叶片从树冠变黄、变小,严重时枝干或全株枯死。这是果树发病后的症状。

虞如坤这急呀,他双手抱拳,央求老人出方子救命。

老人摆摆手说:"果树发病时,能及时根治还算来得及。如果果实发病,那这一年算是白干啦!"

虞如坤一听这一年要白干,脑门子的汗下来了。那些给父母打的包票要兑现不了,那些等着要他好看的闲人,到时候指不定得怎么奚落他。

老人继续说:"这流胶病发在果实上,它由果核内分泌黄色胶质。这些黄色的胶质溢出果面,病部逐渐硬化,厉害时整个果子龟裂,不能够再生长发育,别说吃它了。到时候你全部摘除掉,都要你的小命。"

虞如坤脱掉了身上的衣服,他说:"老爷子,您看了一辈子的果树。我知道您肯定有办法救它们。您只要救得了这些果树,您怎么说,我怎么干!下半辈子我把您当再世华佗供着。"

老人哈哈笑道:"小伙子,你叫阿坤,是吧?"

虞如坤应道:"没错,您叫我阿坤就行。"

老人说:"你也不用着急,我看了一下这些树,流胶病不是很严重,刚刚在发起阶段。你听我的,今年的果子包你丰收。你明天先去两个地方,一处是石灰厂,去拉一车石灰来。再去供销商店去买上几箱'溃腐灵',完了你再找我。"

虞如坤哪里敢怠慢，第二天就把两样东西全部买齐了。

他到了老人家里，老人问他："阿坤，我问你，你舍得那些桃树么，我叫你砍掉，你下得去手么？"

虞如坤没想到老人会有这样一问，他说："老爷子，那可不敢砍。您要我砍那树，就是要了我的命啊！"

老人笑道："舍得，舍得，有舍才有得。治这片桃林，你得先舍去那些老桃树，这些老树，我看了下树龄都在 30 年以上了，过了产果的鼎盛期。感染的流胶病也厉害，都靠老树桩子撑着，这些东西成了流胶病的发源地了。你砍完了这些老树病树以后，给我把石灰撒上去。那块地土地的酸碱成分有些高，果子长出来都有些僵。咱们给它调一调土地的性子。"

虞如坤点头说："您说得在理，回去我就挑那些老的、病的，砍掉一部分。"

老人颔首道："那些有感染的树，你用刀削掉病部，涂上'溃腐灵'，隔三天涂第二次。修剪掉一些太过密的树枝，长得太密的果子也全部修剪掉，每个枝条上留三个果子，就够吃了。"

虞如坤听得老人这番嘱咐，回去后按照他说的一步不落地完成。这一次桃树的历险记，对虞如坤以后在农业这片天地间翻云覆雨，有着莫大的帮助。

虞如坤一家顶着四月下旬开始逐渐毒辣的日头，开始用纸袋包起那一只只碧青、裹着白白厚厚的小绒毛的毛桃。这样包桃袋有两个好处，一是可避免阳光直接暴晒，到成熟时不影响桃子的美观。二是防止昆虫和鸟类的啄食。

小小的毛桃在里面悄悄长啊、长啊,长到了六七月份,桃袋已经是鼓鼓的了。这时就是虞如坤一家收获的时候了。桃园经过虞如坤一家的精心劳作,土地有了活力,桃树均匀地分布在各片山坡上。走进桃园,一股沁人肺腑的桃香扑鼻而来,没吃就让人垂涎欲滴了。

虞如坤的夜晚没有了瞌睡。

他的血不停地在身体内翻腾着,搅得他无法入睡。眼看着桃子丰收在望,它们就像一个个娃娃挂在树梢,等待采摘。

虞如坤觉得它们更像自己亲手养大的孩子,一个个活蹦乱跳,生鲜可爱。他都不舍得把它们从树上摘下来。

母亲也没有睡着,她睁着眼睛,眼睛里布满了血丝。她的心也同样为自己儿子的成功感到欣喜,可是她也有隐隐的一丝担忧。这一丝担忧就像蜘蛛的网,在心头越织越大,她再也躺不住了。

母亲轻轻叫起了虞如坤,娘俩散步到了埠头,又一次坐在了溪边的埠头石阶上。

这个夜就好像那天虞如坤去读高中的夜晚。

天际已经有了半弦月,剡溪的水"哗哗"地流淌。

母亲按着儿子的手,凝视着那张日渐成熟的脸说:"阿坤,你长大了。"

儿子借着月光,母亲的鬓发已然霜白。他转过了头,已经长大的儿子不愿意把自己的情绪暴露在自己亲爱的人面前。这是几千年来中国文化传统教会我们的隐忍。无论在怎样艰苦的条件下，人们总是把最珍贵的亲情稳稳地安放着，甚至从不泄露一丝。

母亲说："阿坤，桃子快下树了。"

儿子一下子就有了一股初生牛犊的豪气，说："阿姆，咱们的好日子马上就要来了。"

母亲转头望着那流水，说："好日子，好日子。我觉得咱们现在的日子就够好了。"

儿子说："那怎么够，阿姆，咱们还没住上楼房，日子还没红火起来呢。"

母亲的脑海里出现了"文革""红红火火"的日子，那些个日子，闹得红，闹得火。家里所有看着红火的物件全部被打砸，容不得人们过上有滋味的生活。她又想起了"割资本主义尾巴"的日子，所有私有的物品不准买卖，私下种上来的瓜果都要充公。她的心又乱了。她不能忘记那些反反复复的日子，活得越穷越踏实的日子会不会重新来过呢？

儿子看出了母亲的烦恼，他问道："阿姆，你心里不踏实，你还在怕什么，现在都什么社会了，以前那些日子永远不会再来了！"

水蜜桃的采摘开始了。

成熟的水蜜桃略呈球形，表面裹着一层短短的绒毛，青里泛白，白里透红。一个桃子一般重一二百克，大的重三百多克。

虞如坤摘下一个熟透的桃子，用手剥了皮，咬一口，柔软多汁，甜到了他的心里。

经过老人的调教，这批水蜜桃有了质的改变。皮变得很薄，果肉丰富。即使没有熟透的果子，也可生食。熟透以后入口滑润不留渣滓。刚熟的桃子硬而甜，熟透的桃子软而多汁，吃时宜轻轻拿起，小心地把皮撕去，其滋味恐怕与王母娘娘的蟠桃没什么两样啦！

虞如坤采摘的时候，用手轻捏外面包装的纸桃袋。略微有些软的果子，即可摘下。撕去外面的桃袋后，整个果实露出了真面目。有的白里透红，有的红里带白，还有粉红色的，配上一身小绒毛，那么好看，那么可爱，像含羞的小姑娘，低垂着头，微红着脸，压得细软的枝条颤悠悠地摆动。

每天天还没透出亮光，虞如坤一家就打开门，挑上箩筐，拉上板车，往山里进发。上午开始采摘，第二天拉着新鲜的桃子，去溪口镇上卖桃子。

溪口镇为蒋介石的出生地，也是蒋氏父子的故里，中华民国时期一度成为国民政府指挥中心。

奉化溪口这个千年古镇离湖山村下周家并不远，中间只隔着一条剡溪。东靠武岭门，南濒剡溪，北靠雪窦山，水绕山环，景色秀丽。

虞如坤拉着他的木板拖车，穿过悠远的武岭门。武岭门前那条颠簸的青石板路，他不知道走过了多少次。每次去上学的路上，他都会在这里驻足。

仰望着这扇历经百年的时光之门，有多少的风云变幻由此生发，有多少的自以为能左右国人命运的权力者在此发号施令，最终任时事如何地变迁，武岭门依然巍然屹立，只有在门旁的树木愈来愈高。

据说这武岭门的前身并不像现在这般雄巍。它以前是进溪口镇的必经之路，相传在1929年前还是一个小庵堂，旁设茶亭供人歇息。1929年蒋介石在这里改造成三间二房城楼式城门建筑。门额两面都有"武岭"两字，外面是国民党元老于右任先生所写，而里面则是蒋介石自题，之所以将此取名"武岭"，是蒋介石为了体现尊重前辈之意。因为，其一蒋介石崇尚武德；其二"武岭"为陶渊明《桃花源记》中"武陵"的谐音，进武岭门后的三里老街便是蒋介石、蒋经国父子俩从小生活的故乡。里面小镇确如世外桃源一般，人们宁静地在此生生不息。

溪口的集市便集中在三里老街的上街，附近村庄的人们都赶在集市日上街采购。随着农村家庭联产承包责任制在全国范围内的全面推广，在溪口镇上的集市里出现了琳琅满目的农产品。

这些农产品来自各个村庄农民的田地里。他们自产自销的瓜果菜蔬挤满了整个大街。人们再不像以前那样畏首畏尾，大大方方地把自家丰收的农副产品摆上了货架，用来换取其他的生活用品。

虞如坤来得早,他在街头的一个角落,借着拖车,摆开了桃子摊。生意还算红火,由于虞如坤的水蜜桃品质较好,个头也大,买的人挺多。一角二一斤的桃子半天卖了大半车,收益还算不错。虞如坤在集市上买了半斤猪头肉,揣着半兜子的毛票,急匆匆地赶回家。母亲还在山上摘桃子。他一扔板车,朝桃园奔去。他要把这第一桶金,献给自己的母亲,献给自己的家人们。

母亲和自己的兄弟姐妹们在硕果累累的桃园里穿梭着,虞如坤站在山坡上大喊:"阿姆,咱家的桃子都卖完啦!"母亲从碧绿的桃树叶中探出头来,脸上的皱纹舒展开了。

虞如坤第二天并没有到溪口镇上去卖桃子。

他拉着板车来到了离湖山村下周家有四十里地的奉化江口镇。他昨天晚上思谋着,溪口的桃园多,集市上的桃子也多,价格上不去。一角二一斤的桃子到了明天可能还要价格降低,因为桃子陆续集中上市了,桃子这种农产品保存时间非常短,自然得压价贱卖。江口镇的区域并不比溪口小,相反,它更多的是平原地域。

虞如坤想江口不比溪口,它山林少,桃子肯定也少。桃子少,价格自然高。他早起了两个小时,早早地拉上车,希望能在江口的集市上卖个好价钱。

江口有座"广德桥",过了桥,就是街上的集市。

虞如坤到江口街上的时候,天刚破晓。他在早点摊上,吃了大饼油条豆浆。他拿起几个桃子,问早点摊上的老板娘借了一瓢水,洗干净了桃子。

摆摊的人们已经放置好了自己的商品,等待集市的开始。虞如坤拿出洗好的桃子,一个一个地送到这些摊主的手上,请他们尝一尝来自湖山的水蜜桃。

人们一口咬下去,就竖起了大拇指。虞如坤乐滋滋地看着这些摊主们品尝自己的水蜜桃,他向早餐摊的老板娘打听好了价格,这里的桃子能卖二角钱一斤。他进一步证实了自己的推测,往更远的地方去,他认识到那里会有更广阔的天地。

虞如坤乘着农村家庭联产承包责任制的东风,通过承包村里桃林,尝到了水蜜桃般甘甜的滋味,迈出了在农业这块天地里的第一步。

家庭联产承包制的推行,极大地调动了像虞如坤这样广大农民的积极性,充分体现了新体制推动农业生产力发展的巨大优越性。

在1983年和1984年期间,宁波全地区粮食生产连创历史最高纪录。宁波地区的粮仓发生了神奇的变化,变得充盈起来,变得胆壮腰硬起来。

其中1984年的粮食亩产量比1978年改革前增加了135公斤。这意味着人民本来瘪下去的肚子从此不用再经受饥饿之苦。

这也使得一些原来对包产到户存有疑虑的干部,解开了旧观念的束缚。

人们感受到"过去人管人,缚死人。现在政策管人,威力无穷",变阻力为助力,从而投身于改革大潮,广大农民群众更是心热气顺,喜称这是宁波农村自土地改革以来最好的"黄金时期"。

实践是最有力的证明。通过五到六年的实践证明,以土地家庭承包为基础、统分结合的双层经营体制,既适应传统农业的生产力水平,也适合现代农业发展的基本要求。随着农村工业化、城市化的推进,农村劳力大批转移,在坚持土地所有权不变、稳定承包权、搞活使用权的前提下,不失时机地深化土地使用制度的变革,通过使用权有序流转,推进农业规模经营,是稳定农村、发展农业,走中国特色农业现代化道路的必然要求。

1983年的正月里,湖山村下周家的村里挂起了火红的灯笼。

人们开始燃放多年未放的鞭炮,他们的饭碗里,盛着满满的鸡鸭鱼肉,身上穿着五颜六色的衣服。孩子们手里捧着糖果,四处拜年,拿压岁钱。老人们含着泪说,这样的年,这辈子以为是过不上了,没想到还有这么好的光景等着。

虞如坤吃完了母亲做的酒酿圆子,拎上了石灰桶,上了山。

面北的山坡,寒风吹过来,格外冷。虞如坤用石灰水均匀地涂抹在桃树的主干上,桃树的下半截,一棵一棵地变成了白色。

这些桃树像身着白衣的天使一般,在这山间舞蹈。它们一舞蹈,这山间似乎有了春意。

第二部曲　春　雷

一　惊蛰的蜕变

　　远山含上了翠，春风里捎着寒意。

　　虞如坤搓了搓手。手上已经有了老茧，双手一搓，"刺啦刺啦"地响。25岁的他已经熟知了农田里的一切。

　　山间桃子的丰收，给了虞如坤足够的信心。

　　家里母亲的脸上有了从未见过的笑颜，父亲也悄悄卸下了男主人的权威。他们给了自己的儿子充分的信任。

　　但虞如坤心里很清楚，自己不能被获得的小成功冲昏了头脑。遇上风调雨顺的年景，山里的桃子还能保证顺产。一旦有个灾荒，不要说能够丰收了，估计连承包的费用都成问题。

　　他绕着自家的水稻田寻思着。自家的水稻田在生产队里，属于烂稻田，地势低，又靠着河岸，一到雨季，水就溢进田里。稻子就得烂根，影响当年的收成。

他背着手，叹着气。

"雷打惊蛰前，四十九天不见天。"

今年的雷响得早，看来雨水是少不了的。虞如坤家的田地怕的就是雨水多，雨水一多，稻谷就瘪。阴雨天的日头照不到田间，那稻谷就结不实，一颗稻子挂的都是空谷粒。手一掂量，轻泛得很，没有半点分量。丢到了晒场上，连鸡都懒得啄上一遍。

那时候虞如坤母亲的心就凉了，来年又得扛着些饥荒了。

早稻下秧子的时节快来临了。山林间的鸟该唱上那千百年来不变的旋律了。人们虽然得惠于土地家庭联产承包责任制，家家户户都有了些底气。但真正离过上好日子还远着呢！来年吃不吃得上今年的存粮，还得看老天爷的脸色。

江南都种双季稻。一年中种一季早稻，再种一季晚稻。约五月中下旬开始插种早稻秧，到七月中下旬时收割早稻，然后紧跟着翻耕水田、插种晚稻秧苗。

双季稻的时节交替紧张，要赶在农历立秋前插种完毕，到11月时收割晚稻，赶在降霜前完成收割。

下半年的这一季对于虞如坤家来说，是最重要的一季。来年的粮食都靠这一季撑着。那时候的雨水较少，阳光充足，产下来的粮食自然多些。

虞如坤坐在稻田头的石板桥上。石板桥架在一条小河上，连接着被划割成一小块一小块的农田。他抚了抚身下的石板，模模糊糊还看得出几个字，大概是块坟碑。

也不知是哪户人家的祖坟倒了霉，被人拔了来铺这座桥。虞如坤叹息着"文革"那些鸡飞狗跳的年月。但转念一想，也不算坏事。比起竖在那深山老林长草，还不如为社会主义做点贡献来得实在。他又嘿嘿笑了起来。

石板桥经过了农民们的脚磨、车碾，亮得有了光。

虞如坤一下子躺了下去，夕阳快到了山坳的腰杆子，天地间开始有了青烟。

虞如坤躺得有些迷糊了。一个影子罩住了他的身形，他睁开眼，是他的父亲。

"在愁早稻的光景了吧？"父亲这些年倒不像早年间那么佝偻了，身板反而挺拔了些。

"今年的雷惊蛰前就响了好几回，看来雨是断不了的。谷子又结不了实了！"虞如坤坐起身来说。

"这也怨我手气不好，当初生产队分田，抓阄怎么就抓到这块烂地了。"父亲脸上有些自怨的神情。

"命数里定下的，比咱们烂的地多的是。"虞如坤宽慰父亲。"烂地有烂地的好处，您看，田螺就数我们家多。"他指着刚刚从田里摸上来的田螺说。

"晚上倒又能加菜了，咱农民只要勤快，老天爷总饿不着咱们的。你看田里种的，田里长的，都能养活我们。咱们农民只要有田地，总不会饿死的。只有懒死的汉，哪有饿死的农民！"父亲说道。

父亲的话提醒了虞如坤，他拉起父亲的手，说："赶紧回家，咱们吃饭去。"他的心里突然有了希望。这希望正是来自自家的田里。他要开始改变自家的田地，谁说水稻田只能种水稻。既然水稻种下去不适合，为什么不能想想其他办法呢？

什么农作物喜欢水？而且对它来说，水资源越丰富越好？虞如坤开始在村里大队间里翻找那些平常根本没人看的报纸。

他想在报纸的旮旯里寻找答案。不能死种水稻，他要找到顺应之法。他要让手里的这块烂地变成别人眼中的"金地"。

种茭白！

虞如坤在报纸上一眼看到了这块小小的农业新闻，上面讲述的是江南水乡一个小村庄种茭白脱贫致富的案例。这则新闻对他来说，犹如打了一针强心剂。既然种水稻不行，那就说明老天爷给这块地安排了其他的宿命。他回家找到他的父亲，向他阐述了不种粮食改种茭白的意图。

父亲没有说话，母亲先开了口。她说："阿坤，你这是要把老祖宗留下来的规矩打打烂啊！这田里不种粮食，来年咱们吃什么？现在虽说这是块烂地，但总也能打下几斤粮，不至于让我们全家人饿死。还有，你说这地虽说分到了我们的手里，但你说你不种稻子，种其他东西，政府能允许吗？"母亲手里纳着鞋底，边用手里的针在头发里划拉，边提出心中的疑虑。

父亲喝了口茶，他倒没有母亲的那些担心。女人担心的是能到嘴边的活计，男人看到的是日后长久的生活。他问儿子："你倒跟我说说，这茭白到底是个啥东西？你老子我吃到河塘边的那些茭白，可都是些灰茭白。那东西吃到嘴里糙得很，掰开来心是灰色的。你不会是要种这些东西来代替粮食吧？"

虞如坤知道父母两人的担忧，他自己何尝不是呢？他这段时间奔遍了能查询种植茭白资料的地方，农技站、书店、图书馆等等。

他告诉他的父母，茭白是生长在沼泽中的高大植物，以前叫"菰"。水中有一种叫菰黑穗菌的东西，寄生在菰的茎部。菰黑穗菌刺激植株使茎部肥大起来，就是人们吃的茭白。阿爸，茭白是常有黑心现象。你说的那些黑点是残留的菰黑穗菌。长黑斑的茭白，当然也没有不能吃的道理。只不过质量比较差些。人们挑选茭白时，以外形肥大、新鲜柔嫩、肉色洁白、带甜味者为最好。质量好的茭白，体形均匀，色泽洁白，质地脆嫩，无灰心。

虞如坤告诉父母，他要种的就是这些没有瑕疵的、品种优良的茭白，以后就能够出现在人们的菜桌上了。

虞如坤的父亲点了点头，他说："阿坤，你先出去，叫你再进来。"

虞如坤坐在家门口自留地旁的石围栏上。自留地里母亲移来的雷竹，已经有了年份。

竹竿子也有了老青的颜色，母亲对这些雷竹打理得很是细心,冬日里会煅了草灰,铺在上面保暖;雨水多的季节,通渠挖沟,不让竹子的根湿烂掉。所以他家的雷笋每年都比别人家出得早。

母亲也看得紧,村里总有那些不务自家营生的懒汉,眼馋那几棵刚刚长起来的笋子。母亲一经发现,就会拿着锄头,赶走他们。对于这点,平常心慈手软的母亲绝不姑息。因为那几棵笋子,是一家子活口的鲜物。整个冬天下来,就靠这些鲜嫩的雷笋,来调一调全家人的口味了。虞如坤看着这些安静矗立的雷竹,轻轻叹了口气,心想:雷笋啊雷笋,要是一年四季都能享用你,那老百姓的日子才叫舒坦。他也知道那是痴心妄想,春日里才有的东西,哪能说吃就吃呢?

母亲在屋门口叫儿子进去。他跃下了石栏,往屋里走。

屋里的灯,只有20瓦。昏暗的灯光下,一对老人的银发映在油亮的八仙桌上。八仙桌上放着一个描着金边的木盒子。

父亲示意儿子坐下。他小心翼翼地打开这个木盒。

虞如坤知道这个木盒是母亲的陪嫁,里面放着家里最贵重的物件。

母亲开始一件一件往外拿。

有一对小巧的金耳环,一副银手镯,一块手表。还有一叠钱。

父亲开口:"阿坤,这是我和你妈全部的家当。你阿哥去了部队当兵,以后自有他的去处。这两年,你也没偷过懒,山上的桃子你花的心思，比山上开的桃花都多。从今天起，这个家就交给你了。你的兄弟姐妹也都长大了，不用我们操心。一家人吃糠咽菜的日子都过来了，我们这把老骨头该歇歇了。以后你不用跟我言语，该怎么办，自己掂量。"

那一晚，虞如坤没睡着。

他整晚数着那些毛票，票子并不多。可是他数来数去，数不清楚。不是缺了几块就是少了几毛。一直数到鸡叫头遍，才闭了会儿眼。

虞如坤怀揣着全家人的家当走了出去。他去寻找茭白的种苗。

走出了生他养他的溪口，他才真正感受到天地的宽阔、世界的多彩。

他看到一眼望不到边的水田里，碧绿的茭白"呼啦啦"地跳入了自己的心坎里。他隐隐感到这是改变他生活道路的一个开口。他必须扎扎实实地走下去。

茭白的种植对于虞如坤来说，是一个全新的开始。他找到了当地最大的茭白种植户老王家，想学习经验。可在四五月份，这个季节里，哪有人有功夫教他。

春季四五月，正是茭白选苗分苗，栽种的重要时节。虞如坤想找老王，根本找不到人。白天虞如坤守在他家门口，除了"汪汪"叫的大黄狗，连老王的影子也没见着。最后他总算碰到了回家担水的老王老婆。她说，老王每天四点出门，晚上九点回家，你不用等了，碰不到他的。

虞如坤留了个心眼，跟着老王老婆到了水田里。这里的人家，家家户户种着茭白，田间里倒是热闹。人们忙着分蘖老茭墩，选苗栽种。虞如坤脱下了新买的皮鞋，挽起了裤脚，脱去了新衬衫，跳进了老王家的茭白地。

母亲在村口盼着自己的儿子，整整一个星期，还是没有见到那个敦实的身影。她的心有些急了。

吃饭的时候，母亲长吁短叹。父亲反而叫母亲倒些老酒来，他端着酒杯嘿嘿地笑。母亲就骂他，儿子出去这么久，也没个音信，还有心思喝酒，到底是不是你自己养的？

父亲一仰头把酒倒进嘴里，脸上的皱褶子舒展开来，说，他要是一两天就回来了，那说明什么？说明他什么都没学着，什么都没探着！你想想，那种茭白是随便能种的？你看我给人做条裤子还不得花两天工夫下去。现在还没回来，说明这小子摸到了门道，正学着呢！你仔细想想，是不是这个理儿？母亲一想，这也有道理，也宽了宽心。

虞如坤回来的时候，人瘦了一圈。跟他回来的还有个不大说话的老王头。

他在老王家做了十天的小工。从耙地、平田、挑肥做起，凌晨时分老王啥时候到田里，他一准儿比老王早到。晚上住镇上的招待所。招待所的服务员就没见到过他的人，这早出晚归的，要不是有村里的介绍信，都要怀疑他在干什么不法勾当了。

砻糠小笋基地

老王这人平时是三棍子打不出一个闷屁的人。到了农忙更是不说一句话，他在田间忙碌，虞如坤就跟在他后头。他以为是老婆娘家人过来帮忙，老婆以为是老王的朋友过来帮忙。

虞如坤开始几天，见活就干，问问老王老婆就知道该干哪些粗活。一到中午，啃几口干粮，灌几口白开水，接着干活。

田里水凉，一个上午下来，脚麻得没了知觉。这个苦对虞如坤来说倒不算什么，毕竟在砖窑厂里挑泥时，江边的风更加凌厉。

上了田埂歇息的时候，让虞如坤毛骨悚然的是，一条腿上得吸上几条水蚂蟥。一扯，血就流了下来。第二天，伤口就开始痒了起来。

虞如坤对这个蚂蟥是深恶痛绝，他发现有些伤口有发炎的迹象。休息的时候，老王看到了他拉扯着水蚂蟥。过来拦下了他，老王用手轻轻在蚂蟥叮咬的上部拍打，那蚂蟥就松开了吸盘掉落了下来。老王拿出口袋里的酒瓶子，灌了口酒，喷在虞如坤的伤口上，说，用力搓！

晚间回家时，老王叫他老婆给她家打小工的亲戚准备一双雨胶鞋，下田穿。他老婆说，什么我家亲戚，那不是你朋友来帮忙的吗？两人到这时候才明白虞如坤根本不是什么小工。

第二天，老王看见虞如坤还是比他早来到了田里。他笑了："小伙子，你要真是个小工，我出双倍工钱给你。这些天也委屈你了，你跟我说说，你到底是哪位？"

虞如坤也不好意思再装糊涂了，他说："王叔，我没别的意思，就想在您这里学学怎么种茭白。"然后把自己的来由都交代了一遍。老王这人实在，他说，你这样，帮我干完这里的农活。我随你去溪口，看看你家那地合不合适种这玩意。

虞如坤带着老王看完了自家的田地，最后确定了种植茭白的决定。

破旧立新，把原来的水稻田改建成茭田，对虞如坤，对他的整个家庭，对湖山村下周家的整个村庄来说，这都是破天荒的事情。

它意味着农民改变了世世代代在农田上只是耕种口粮的习惯，有了向经济农作物种植方向发展的思想观念。

经过翻耕原来的水田，养成茭田。施入腐熟农家肥，因为虞如坤家以前是水稻田，还增加了基肥的用量。耙平后，然后灌水，做到田平、泥烂、肥足。这样茭白田才能用作第一批茭白的种植。

水是虞如坤种植茭白的优势，老王告诫他，茭白水位管理以"浅——深——浅"为原则。

水位定植后的生长前期（分蘖之前），保持浅水位，有利于提高地温，促进发根和分蘖；到6月份分蘖后期，将水位加深，以抑制无效分蘖的发生，由于7-8月温度高，深水位还具有降温的效果，但要定期进行换水，防止土壤缺氧造成烂根；进入孕茭期，水位应加深，但不能超过"茭白眼"的位置（最高水位不宜超过假茎的 2/3），防止薹管伸长；孕茭后期，应降低水位，以利采收；采收后茭田应保持浅水层或湿润状态过冬，不能干旱。在每次追肥时，要等肥料吸入壤中后再灌水，如遇暴雨天气，应注意及时排水，防止因水位过高而造成薹管伸长。

茭田养成后，在一个晴天的下午，虞如坤栽下了第一株茭白苗。同时，他继上次承包桃园后，开始了他人生的第一次真正意义上的创业。

茭白种植的成功，极大地改善了虞如坤一家的生活。

1985 年夏天，6 月的一个夜晚，湖山村下周家的大部分村民吃完了晚饭，早早带了一把凳子，来到了虞如坤家的门口。他们家已经购买了全村的第一台彩色电视机。

七点三十分整，他们开始收看中华人民共和国中央电视台的新闻联播。人们欣喜地看到报道里传出的讯息：全国农村人民公社政社分开，全国建立了乡政府。

也许虞如坤并未认识到，他正在悄悄转变那个千百年来只认耕种的农民身份。

在新的时代里，在新的条件下，使农业自然资源继续保持周而复始，不断创新，不断更新。虞如坤让自己的那一亩三分地首先发挥出了更大的光芒，这光芒让他普普通通的那个农民的家有了更多的财富，并且让那些世世代代的农民看到农业当中也有可以让自家钱包鼓起来的机遇。

1985 年，是一个奇特的年份。

在中华人民共和国成立后的第一个教师节，虞如坤找到了他的启蒙老师——李老师。

这是一位普通的农村代课教师。他甚至没有正式的教师资格。除了教村里的孩子们识字以外，他还得为自己一家的口粮下地干活。但在虞如坤的心里，这个李老师的位置无论是谁也无法替代。

这位戴着瓶底厚眼镜的老知识分子，在那个"四人帮"横行的年代，已经被折磨得形容枯槁，背驼成了一座小山丘，手中整日拄着一条木拐。村子里除了他很少有人看报纸，关注时事。

虞如坤手里拎着两瓶酒，敲开了李老师家的门。李老师手头正编着一个竹簸箕，抬头见自己的学生进来，笑了起来："有些日子没见你了，怎样？茭白没让水淹掉吧？"

虞如坤知道这个李老师爱开玩笑，是一个无论经受怎样打击都乐呵呵的智者。他从自己的老师这里学到最多的是对生活的乐观态度。这些帮他渡过了许多在创业中的难关。

虞如坤放下酒，笑道："李老师，我种的茭白可是会游泳的，哪会淹死？"

李老师拿起酒，瞧了瞧，赞道："好酒啊，看样子，你小子出道了。你来得正好，你过来，看看这个！"他从书桌里，抽出一张报纸来，指了指报纸上的文章。

虞如坤拿过报纸，报纸上刊登着中共中央、国务院颁发的《关于进一步活跃农村经济的十项政策》。

李老师拧开了酒瓶,倒上了两杯酒,端出了一盘铁蚕豆。

他抿了口酒,背虽然驼着,声如洪钟:"小子,你可知道今年,是个啥年?"

虞如坤一口嗑下去,差点崩了牙,说:"李老师,您家这豆子是铁打的吧!我只知道今年是个好年,大家伙的日子过得都不错。"

李老师笑道:"你可知道今年春节,除夕恰逢雨水节气。这'雨浇春'可是难得。上一次'雨浇春'是在1920年,整整隔了65年才出现一次。下一次再想碰见它,要等到1996年了。而今年3月6日的元宵节,又恰逢惊蛰节气。你说巧不巧?这节气,对咱农民来说,可是天时,天时一到,这地里可就产金子啦!咱中国又要换新颜了!"

虞如坤说:"李老师,您还会看相算卦啊,这卦算得准!我家可算是赶上这好时节了。"

李老师点了点报纸上的新闻:"天时再好,没这政策,啥都白瞎!"他猛灌了口酒,闭了眼,叹气。

虞如坤知道老师这是感叹他自己在那个年代生不逢时,什么天时地利,要是人不和,连口饱饭都吃不上。

这一年,正如李老师所述,中华大地又有了一副崭新的面貌。

中国又一次调整了对农村经济的政策,决定在全国各区域开辟经济开发区。

1985年2月18日,中共中央、国务院批转《长江、珠江三角洲和闽南厦漳泉三角地区座谈会纪要》,决定在长江三角洲、珠江三角洲和厦漳泉三角地区开辟沿海经济开放区。

1985年6月4日,据新华社报道,全国农村人民公社政社分开、建立乡政府的工作全部结束。

二 一棵"摇钱竹"

"星星之火,可以燎原。"

一片被人荒弃的广袤土地上,因为土地贫瘠,无人耕种。人们便砍下一堆荒草荆棘,生起一堆野火,不断往上加草料废木。渐渐地火势被压住,因为生草湿木的缘故,烟起来了,内部温度不断升高,而外部却燃烧不起来。这样的火堆能够煅烧几天几夜。孩子们可以拿上番薯、土豆等食物,煨在火堆里。等到半个钟头后,拿树枝扒出来便可美美享用。这些火堆煅完以后,便成了开垦荒地的好肥料,能够增强土壤的营养,增加农作物的产量。也有些火堆因为煅烧的时间非常长,经常无人看管。野外风大,吹至易燃林木之处,便会引起野火。火势渐大,便可燎原。

虞如坤作为一个农民,对这句话的直观理解是:野地虽然荒凉,但积蓄着无穷无尽的丰富营养,一旦星星之火点燃,便能引起燎原的漫天大火。

1985年，中国政府也想让中华农村大地燃起燎原的熊熊"大火"。

1985年5月，中国国家科委向国务院提出了"关于抓一批短、平、快科技项目促进地方经济振兴"的请示，引用了中国的一句谚语"星星之火，可以燎原"，因而誉名为"星火计划"，意为科技的星星之火，必将燃遍中国农村大地。

1986年初，中国政府批准实施这项计划。星火计划是经中国政府批准实施的第一个依靠科学技术促进农村经济发展的计划，是中国国民经济和科技发展计划的重要组成部分。

虽然国家已经批准了这个星火计划，但是真正要惠及到像虞如坤这样的农民身上，需要一个漫长的、像煅灰一般的蓄力过程。

1990年的初春，惊蛰过后，虞如坤家自留地里的雷笋悄悄冒尖儿。他家的雷笋总是比别人家早出几天。

虞如坤在农田上动脑筋的脚步，并未在种植茭白上停止。他相继种植了葡萄，在茭白地里养上了黄鳝。这些都给他带来了不菲的经济收入。

但他还是不踏实，这心里老觉着这小小的成功，并不是长久之计。

昨天晚上，三叔家的兄弟找上了他，拉他在溪边坐了半天，抽了半包烟。虞如坤问他有什么事情找他，兄弟才红着脸开了口，说是家里实在穷得不行，能不能带带他，挣些钱，好讨个老婆。

虞如坤犯了难，这地跟地不一样。他家能种的、能养的，别家可种不了、养不了。何况还有技术在里头，也不是一时半会儿的事情。

他思寻了一宿，早上起来，想跟母亲说说这事。要说拒绝，都是亲戚情面上抹不开。但要是答应，这担子不是那么好挑的。他在家找寻了母亲半天，却没见着她的身影。他知道母亲肯定在一个地方。

他来到了种雷笋的自留地里。

初春的田地里，青草叶上凝着晨露，虞如坤蹲下身子，便看见露珠里的另一番天地。那里面有着飘着晨雾的竹林，有着拎着马桶如厕的妇人，有着在田埂间穿梭的土狗……

他朝露珠儿哈了口气。那水珠儿便滚了起来，从一片草叶滚到另一片草叶。虞如坤突然有了儿时的玩性，他不断吹动着露珠，那露珠就在草叶间跳来跳去。

最后他便在露珠里看见了母亲的脸。他一回头，母亲笑眯眯地站在他身后，敲了敲他的脑袋，说："都是有老婆的人了，还弄小孩子的玩意儿。"

虞如坤站起来，后面过来了隔壁的梅嫂。

梅嫂嘴碎，一看母亲竹篮里的早雷笋，嘴里就赞上了："阿坤姆妈，你家的地是土地爷爷养着的吧，这么早就出笋了。今天看来又能卖五六十块。"

剥笋　应精明　摄

虞如坤知道母亲是舍不得吃这些早雷笋的，现在大地雷笋（指到了出笋时间，大批雷笋上市的雷笋期）还没出，早雷笋在集市上价格不菲，基本能够卖到2—3元一斤；而到了雷笋旺季，这里家家户户都有少量的雷笋，但也足够每户人家吃了，那时候价格只能卖到2~3毛钱一斤。

梅嫂没等母亲接话，又说道："阿坤，你在村里本事最大，嫂子向来是最佩服你的。要我说，你要是能让这雷笋早出一个月，那才是真本事。"说完，扭着腰往溪边走去。

母亲皱皱眉头，说："你别睬她，空口白话，想让老天爷改时令啊，做白日梦！"

虞如坤笑笑，跟母亲说了三叔家兄弟那事情。母亲说："你阿爹是个重情面的人，你想想办法，能帮一把是一把。免得亲戚家说，长了本事就忘了祖宗。"

虞如坤第二天早上又来到了自家的雷笋地里。母亲远远看见了他，喊："你这么早又做啥？"虞如坤说："我看你掘笋！"

母亲说："你个傻儿子，掘笋又不是没见过，有什么好看的！"

虞如坤抢过母亲手中的锄头："阿姆，我想问问你，你用了什么仙法儿，让我家的雷笋出来这么早？"

母亲说："什么仙法儿，就是好好待它们。早早在地面施些草木灰，在上面盖些稻草，碰上下雨天，别捂着，免得烂了根。遇上温和一些的天气，笋子长得快些。其实也没长多少，你看今天就没了,最多两斤。怎么?你是不是昨天听梅嫂子的话,听到心里去了,又要作什么妖?"

虞如坤嘿嘿笑道:"还是做娘的了解儿子,实话跟您说吧。我昨天想了一夜,我想种雷竹,就按您的办法来。看看能不能让雷笋早出个一星期。"

这是虞如坤开始人工培育雷笋的试验之作。

在此之前,还从未有人想过人工培植雷笋。虞如坤的异想天开与中国科委提出的"星火计划"不谋而合。

湖山村下周家的人们对虞如坤人工培植雷笋的想法,在背后指指点点。他又成了那个第一个吃螃蟹的人。

人们绝对不会想到,这个疯狂的想法能让农民彻底摆脱贫困的生活,使得那棵弱不禁风的雷竹变成神话中的"摇钱竹"。

三　金色二分地

1991年秋天,家里的二分雷竹地,成了虞如坤日夜蹲点的地方。

二分地换算成平方米,大约也就130多平方米面积。这么点大的地方虞如坤要变出些花样来还真不容易。

村支书路过虞如坤的自留地,看他满头大汗地挑着肥。跟他打招呼:阿坤,你这是"螺蛳壳里做道场",是要弄出多大的动静来啊!

奉化的俚语里面有句"螺蛳壳里做道场",形容在很小的一个地方,要做出大事件来。

虞如坤回村支书:没啥!闲着也是闲着,瞎弄弄!

村支书是个有心人,他停下来,查看虞如坤的雷竹地。发现虞如坤堆的肥料十分肥厚。堆的全部是稻草灰,稻草沤成的料。

他摇摇头,说:阿坤,你这肥料有问题啊!

虞如坤一听赶忙撂下担子,跑过来,问:书记,你说有什么问题?我这稻草可是烂了一个夏天了。

村支书说:你这地可是第一年培植,算是生地。要是来年得劲,你得用重肥料。

虞如坤问:我这竹子是刚移过来的,地也生。你说,用什么肥料来年能够得劲?

村支书说:用人肥。你挑上几担人粪尿,上面盖上稻草,捂它一个冬天。明年啥东西,它不长得精神啊?

1992年2月4日春节,农历新年恰逢立春。

2月18日元宵节,与雨水节气相连。

这一年伊始,1月18日到2月21日——邓小平进行"南巡"。

邓小平巡视武汉、深圳、珠海、上海等地,沿路发表一系列的有关改革开放的重要谈话,呼吁经济改革。邓小平指出:"不坚持社会主义、不发展经济、不改善人民生活,只能是死路一条，基本路线要管一百年，动摇不得。只有坚持这条路线，人民才会相信你、拥护你。谁要改变三中全会以来的路线，老百姓不答应，谁就会被打倒。"

3月8日——中华人民共和国开放黑龙江省黑河市、绥芬河市，吉林省的珲春市，内蒙古自治区的满洲里市、二连浩特市，新疆维吾尔自治区的伊宁市、塔城市、博乐市，云南省的瑞丽市、畹町市、河口市和广西壮族自治区的凭祥市和东兴镇等13个沿边城市、镇。

邓小平的南方谈话对中国20世纪90年代的经济改革与社会进步起到了关键的推动作用。

这一年的10月12日——中国共产党第十四次全国代表大会在北京开幕。江泽民作《加快改革开放和现代化建设步伐，夺取有中国特色社会主义事业的更大胜利》的报告。大会确立邓小平建设有中国特色社会主义理论在全党的指导地位，概括了建设有中国特色社会主义理论的主要内容，明确建立社会主义市场经济体制的改革目标，要求全党抓住机遇，加快发展，集中精力把经济建设搞上去。

开放，不断地开放！

邓小平的南方讲话，表明了中华人民共和国政府明确的前进方向，对改革开放的宣传力度越来越大。

虞如坤手里攥着报纸，耳朵听着收音机里不间断的改革开放有关报道。他更加坚定了开放自身思想的信念。

他终于向雷笋人工覆盖栽培迈出了第一步。

虞如坤种植的二分雷笋地开始出笋了。笋出得并不是很多,而且也没有比其他人家的雷竹地早出多少天。

这一切让他的信心受到了严重的打击。

还有一件更加糟心的事情,让他寝食难安。

这些让他抱着很大希望的雷竹,开始出现了大面积的虫害。

湖山村下周家的三月,"桃花争开不待叶",漫山粉红一片。偶尔两场的春雨散落山间,大地滋润了起来,有了蓬勃的生机。

虞如坤肩扛挖掘雷笋的锄头,往雷竹林走去。

挖掘雷笋的锄头,是特制的。

锄头的木柄一个成年人身高长短,锄头挖掘雷笋部分的锄面特别长,大概有一尺半,这是为了能够更深地掘入地面,把地面下的雷笋根部挖出来。这个时节的雷笋,只露出一个笋尖,大部分笋身还是隐藏在地面下的。外行人拿锄头只能挖到雷笋的小半部分,而忽略了地底下最甘美的部分。

虞如坤开始扒开铺在地面最上层的稻草,寻找那些嫩黄的雷笋头。

他找到了一棵雷笋,扒开周边的土层。开始顺着微红色的笋身,往下挖笋。这时候,他的肩头落下了一片竹叶,他用手拂了拂。

竹林子里,落下一两片竹叶是再正常不过的事情。

但是,随着竹叶不断地掉落在虞如坤身上,他疑惑了起来。

他捡起掉落在身上的竹叶子。发现那竹叶子卷曲了起来,已经开始发黄干枯。

虞如坤的心一惊。他停下手头的活计,开始查看竹林的情况。

他发现雷竹的新枝关节上,竹叶的背面,都附着一层灰白色的粉状东西。周围的竹叶边缘也开始卷了起来。

虞如坤知道这是竹子遭受了病虫的侵袭。但到底是什么病,怎样才能防治,他的脑袋"嗡"地一下大了起来。

在以前的桃树和茭白的种植中,他也遇到过病虫害的问题。但是那时候都有可以请教的老师进行指导,现在有关雷竹的病虫害,可是没处去请教任何人了。

虞如坤是个倔强的人。任何在他面前的困难,在他冷静下来后,都是一种有趣的挑战。

他开始查阅少量的可以找到的有关雷竹的资料。

可是资料实在是太少了。因为那时候,无论是在农业技术书上,还是那些有些种植经验的老人嘴里,对雷竹这一块知识,人们的认知几乎为零。

从那时起,虞如坤和他的妻子,开始用自己的笔记录。

他明白这是一条漫长的探索之路。在这条可谓前无古人的道路上,他会走很多岔路,会犯很多的错误。但这些宝贵的经验,正是通往成功的必经之路。

虞如坤和他的妻子坐在家里的饭桌前。

他握着他妻子的手说：老婆，这次遇到的事情有点难了。

妻子的文化程度不高，但眼睛里闪烁着智慧的光芒。她是个聪慧的女性。

她知道丈夫是座倔强的山。明明知道难，却永远不会倒下去。

她说：古人说，丈夫丈夫，一丈之夫。我永远在你一丈以内的，你有什么困难，我能帮上忙的，我帮。我帮不上忙的，那我就煮好饭，顾好家。以后的事情，谁也不知道，我就相信你这个人。

虞如坤知道妻子说的是大实话，他内心也会动摇，也会惧怕。毕竟这异想天开的雷笋早出是谁都没干过的。也不知道要花多少的精力和时间，才能真正实现。

于是，在虞如坤的"雷竹生产记录本"上，有了第一条对雷竹的记录。

记录如下：

雷竹，本地人称：雷公竹。

大地雷笋出笋时间：每年3月中旬。

本地制作保存方式：腌制成羊尾笋，烧制成油焖笋，晒成笋干等保存。可食用一整年。

雷竹外形：成竹竹竿高可达10米左右。幼竿深绿色，竹节暗紫色。成年老竿呈绿色、黄绿色或灰绿色；竿节最初为紫褐色，节间并非向分枝的另一侧微膨大，而是向中部微变细。竿环中度隆起。竹鞘褐绿色或淡黑褐色，有不规则分散的大小不等的斑点，还有紫色纵条纹。

竹叶外形：叶片带状披针形，一般为青绿色。

竹花：花枝呈穗状。

笋期在3月开始，4-5月花期。

接下来有了第一条对雷竹病虫害的防治记录：

经第一期试种，发现早雷竹对土壤湿度、温度、酸碱度要求很高。继续试验调整。发现蚜虫侵害，共有十三株雷竹有虫害。

表现为：竹叶枯落，枝节发黑，竹蚜虫在新竹抽枝展叶时为害最严重，其他各月份都有危害。

该虫群集于新枝、嫩叶上吸食液汁，并导致产生煤污病，严重影响竹子生长，使竹笋产量大幅度下降。

形态特征：蚜虫，虫体小，椭圆形，具刺吸式口器，分有翅型与无翅型两种，成虫2毫米左右。

发现种类：竹后粗腿蚜，体淡黄色，一对复眼为紫红色，卵初产时嫩黄色，10余天后渐变灰棕色，不久变黑色。

竹色蚜为黑色蚜虫。竹梢凸唇斑蚜为绿色蚜虫（若蚜有红、绿两种颜色，有翅蚜绿色为多）。矢竹斑蚜为黄色蚜虫。

发生规律：竹后粗腿蚜1年20余代，以卵于11月中旬在叶背过冬，第二年3月份孵化，由有翅蚜进行孤雌生殖。1只有翅蚜能生小蚜10~15只，10天左右繁殖1代，11月上旬，若蚜分化雌雄蚜，交尾后产卵，每雌产卵3~5粒。分布于林缘的比分布于林内的多，竹林密度低的比密度大的多。

防治办法：一是竹冠喷雾法，主要适用于低矮竹林和密度稀的竹林，用5%蚜虫净或2.5%功夫乳油或20%杀来菊酯1000～2000倍液喷雾。

二是放烟法，主要适用于大面积、密度大的竹林。在清晨或气压较低的阴温天气，每667平方米用敌万烟剂1～2千克放烟，防治效果可达99%以上。

三是竹杆涂药法，适用于密度小、竹杆高大的竹园。5～6月份用乙烯甲胺磷对兑水1～2倍直接涂新竹竹杆，下半年对老竹竹杆刮1节或2节涂杆。

这些资料虞如坤和妻子用他们的笔在记录本上，划了记，记了又划。每记录一条，付出的代价都是巨大的。

那些老竹变成了试验品，看着倾注了心血的雷竹一株一株地发黄、枯萎。虞如坤与他的妻子揪心地痛，他们已经把这片土地当成了自己的孩子。谁能看着自己的孩子生病而不心疼呢？

这片小小的雷竹地，让当时并不富裕的虞如坤投入不少的财力。他千方百计地寻找肥料，整天埋头在臭气熏天的农肥里。

家里人远远闻到他身上的味道，就知道这个"倔强的雷竹"回来了。

用科学的方法种植雷竹，用前人没有用过的方式培植雷笋。虞如坤明白农业这条路，慢慢地得脱离只看天吃饭的老路子了。科技兴农是强大农民的必然之路。

晒　邬宏尉　摄

他开始了原始的记录。当这些原始的资料,密密麻麻呈现在已经泛黄的纸张上时,不得不为虞如坤那强大的意志力感到震惊。

经过不断地排摸、记录、调整,这二分的雷竹地,终于发生了前所未有的改变。

这一改变,让虞如坤重拾信心。

那二分地的雷竹,竹叶变得碧绿,在日光的照射下熠熠生辉。竹竿变得粗壮,从原先幼竹的深绿色转为青绿。竹节由原先的紫褐色变成了淡黑褐色。

村子里的人路过这片雷竹林,都免不了停下来,夸上几句。

虞如坤的雷竹在这一年,比其他的雷竹地,出笋早了十天。这十天让他增加了两千元的收入。

有着经济头脑的他仿佛看到了一条金光闪闪的农业致富之路。

四 倔强的"山脊"

虞如坤当然不会仅仅满足于二分雷竹地的收获。

他开始寻求另一种方法,来促使雷笋早出。

虞如坤思考着,雷笋出笋的必然条件是气温的升高。那时候除了在冬天烧炭火提高温度外,根本没有其他方式能让虞如坤想得到。

他漫步在村旁的自留地边,二月初的天气稍显寒冷。

他看到一片盛开的茶花。

这片茶花开得好。满树红花,夺目可爱,像极彩色的绸缎。那绽放着的笑脸,几十片心形的花瓣叠叠层层,开得芬芳馥郁,开得欢快舒畅。

她们有的缀在枝头"荡秋千",犹如一位正在表演精彩舞蹈的少女;有的挂在枝腰,张着大嘴,正用甜美的嗓音歌唱春天的到来;有的嵌在树杈间,仿佛在积蓄力量,迎接挑战;还有的用绿叶遮住半边脸,显得害羞,又好像在捉迷藏……

再看饱胀得裂了的小口子、刚刚绽开花苞的山茶花,犹如一个个朝天的铃铛。清晨的露珠沾在柔滑的花瓣边沿,在阳光的照耀下,花朵更显得妩媚动人了。一阵风吹来,花儿颤悠悠的,就像一位亭亭玉立、楚楚动人的少女在朝晖中舒展着柔美的身姿。

这一切,让虞如坤暂时忘记了雷笋的烦恼。他走进了花丛里,尽情享受着。

渐渐地,他行至这片苗圃的尽头。那里有着一个培育茶花的小温室。温室用尼龙覆盖,扦插的茶花,已经在温室里生根。

他蹲下身子,俯视着这一片生机勃勃的花木苗。心里突然跳出来一个大胆的想法:花木苗能够靠温室培育,那么雷笋呢?

在他眼前,这些茶花苗仿佛变成了一棵棵雷竹,雷笋正从温暖的土壤里破土而出。

虞如坤像孩子一样蹦了起来。他得马上把这个惊人的想法告诉他的妻子。

但是妻子给他泼的是一盆冷水。

虞如坤跑着回到了家,妻子正在洗头。

他凑着妻子的耳朵开始了兴奋的述说。他说他要在雷竹地里搭一个尼龙大棚,让雷笋能够早一个月上市。

洗着头的妻子,抬头说:你过来,把你的头也洗洗,顺便把脑子也洗洗。

虞如坤笑道:你又跟我开玩笑!哪有洗脑子的?你说说,我这个想法怎么样?

妻子拧干头发上的水渍,说:我看不怎么样!你有没有想过,那可是在竹林上搭棚!咱先别算经济账,我先问问你,你到哪里去找这么大的尼龙,用什么来搭?尼龙这东西这么轻,风轻轻一吹,就不知道飘哪里去了。到时候,雷笋倒没出,咱家得先倒。

虞如坤听了妻子的一番话,也开始发蒙。

他拖了一把椅子出来,坐在门口开始发愁。

妻子说的这些都是实际情况,他确实刚才脑子发热,什么都没考虑到。现在冷静下来一想,确实实际困难太多了。

他跨上了自行车,开始去寻找温室栽培的资料。

经过查阅资料,虞如坤发现这温室栽培其实并不新鲜。

温室是指具有屋面和墙体结构,增、保温性能优良,适于在严寒条件下进行蔬菜生产的大型保护设施总称。

日光温室能充分利用光能，较好地解决采光、载热和保温等一系列问题，在我国北方地区推广应用以来，深受广大生产者欢迎。其可在北方严寒的冬季在不加温条件下进行反季节蔬菜生产，解决蔬菜周年生产、均衡上市的问题，具有节能、优质、高效的作用。

我国早在2000多年前就利用保护设施（温室雏形）栽培各种时令蔬菜，是温室栽培起源最早的国家。1958年，我国开始自行生产农用聚乙烯薄膜，并将其广泛应用于小棚覆盖。

20世纪60年代，我国的设施农业处于规模小、水平低、发展速度缓慢的阶段，小棚定为拱形，高1.0m、宽1.5~2.0m。

1966年，长春郊区把小拱棚改建成2m高的方形，但其存在抗雪能力差易倒塌的问题。经过多次改进设计出高2m、宽15m的拱形大棚，并逐渐在北方地区推广应用普及。

国外也同样早就有了温室栽培。国外的温室栽培最早起源于罗马。在公元初期，罗马利用透明云母片覆盖黄瓜，使之提早成熟（罗马的哲学家塞内卡记载）。15~16世纪，法国、英国、荷兰等国家开始应用简易温室生产时令蔬菜和水果；17~18世纪，法国、英国、荷兰等国家纷纷开始建造玻璃温室；19世纪初，英国开始致力于温室加温设备及屋面坡度对进光量影响的研究，研制开发了双屋面玻璃温室，主要用于栽培柑橘、甜瓜、黄瓜、葡萄、甜橙、凤梨。19世纪后期，温室栽培技术从欧洲传入世界各地，并逐渐得到应用普及。

20世纪60年代，世界各国的现代温室逐步完善并快速发展。现代设施园艺发达国家的现代温室大都以大型连栋温室为主（只有我国仍以日光温室为主）。

虞如坤看到在中国国内温室栽培的都是以小型的拱棚为主，大型的温室没有先例。但是大型的连栋温室既然外国能够搭建，肯定是有办法搭出来的。

蔬菜温室栽培给了虞如坤极大的启发。对于温室雷笋的栽培，虞如坤认为有一定的可行性。

这座"倔强的山"想试试其他人都认为不可能的事。

在一片雷竹林上搭尼龙大棚，这是前所未有的稀罕事儿。

湖山村下周家的村民们像看过年的大戏一般，都围在虞如坤家的二分雷竹地旁。大伙儿对这事都持怀疑的态度。

虞如坤设计的尼龙大棚是长方形的。根据雷竹地的地形，他把大棚需要通风的门和窗分别设计在了大棚两侧和正面。

材料方面，虞如坤就地取材。采用了全竹的框架搭建，这样可以节约不少的成本。拱圆形的外形结构有利于通风和竹子的生长。这次虞如坤使用的是单层的尼龙大棚。

所有的这一切，都是靠虞如坤自身学习的仅有的蔬菜温室栽培技术去试验性地操作。

请来的木工以前也并未搭建过这样的工程。他们第一次要给一片竹林修建一个"宫殿"。

木工开玩笑地和虞如坤说：你这所房子可比老蒋的丰镐房还金贵咧！

虞如坤呵呵笑道：那是自然。我跟你说，我这宝贝，到了冬天，那可不得了，卖得比牛肉还贵！

木工扔了手头的烟屁股，嘴里发出不信的啧啧声：阿坤，你是有不少本事。但这事我看要竹篮打水一场空，我从没听说过冬天能出雷笋的。你要是真能弄出这个笋来，我话放在这里，明年你再搭大棚，我给你白干！

虞如坤拍拍木工的肩膀：十几年前，要说国家能给咱老百姓吃饱饭，我看没人能信。但我信！现在你说冬天出不了雷笋，我也信！但我更信，命运是可以改变的，咱们现在有科学技术，这东西可比如来佛都厉害。你到冬天，到我这里来拿五斤雷笋。来年我还请你搭这个大棚。

虞如坤的话是说出去了。木工听过就忘，他自己可铆足了劲，照妻子的话说，差点就睡在大棚里了。

建棚初时，虞如坤开始对竹林的土壤进行改良。

他挑来了更加肥沃、疏松的土壤。

因条件限制，建棚面积较小。虞如坤经过精耕细作，改良土壤，培肥地力，大棚里的土壤条件均优于露地的土壤条件。

大棚栽培施肥量很大，他施用同一肥料种类；加上大棚中的肥料必然很少受雨水冲刷流失，剩余肥料和盐类会逐渐上移，积聚在土壤的表层，会造成土壤溶液浓度过高。

虞如坤知道竹子生长对土壤含盐浓度，均有一定的适应性，超过所适应的范围，就会带来危害。硝酸钾、氯化钾、硫酸镁易溶于水，而不易被土壤吸收，容易使土壤溶液浓度升高；硫酸钾、硫酸铁、氯化钾的硫酸根和氯离子，竹子不能吸收，也易使土壤溶液浓度升高。过磷酸钙、磷酸铵、磷酸钾等不易溶于水，易被土壤吸收，所以土壤溶液浓度不易升高。所以他选择的肥料必须有一定的选择性。

经过前期的一系列设施完善、土壤改良等操作。虞如坤终于迎来了冬日的考验。真正检验他这个异想天开的工程的时候到了。

冬日的雷竹林"宫殿"里，温暖如春。虞如坤焦急地翻看着肥料下来的情况。等待他的是日复一日的空白，雷笋没有丝毫出现的预兆。

虞如坤苦苦思索着，到底是哪个环节出现了问题，才会导致雷竹不肯产笋。

温度？应该没有问题。虞如坤参考的资料里显示：竹子宜在年平均温度14℃~20℃的范围内生长，最适年平均温度为16℃~17℃，夏季平均温度在30℃以下，冬季平均温度在4℃以上。

竹鞭生长，需平均温度达到5℃时，竹鞭才会解除休眠，月气温达到30℃时，生长速度最快，活跃生长期开始和停止时的月平均温度为13℃~16℃。竹笋的出土生长，需达到9℃~10℃，气温到17℃~20℃时，对幼竹的伸长生长和抽枝展叶都较为有利。

除了上述气温外,地温也是竹笋能否提早出土和产量高低的决定因素,特别是竹笋的萌发和生长均在泥土里进行,只有地温达到要求,大约13℃~15℃,才能实现生长。虞如坤和妻子分别在昼夜不同时间段进行了测量和记录温暖,均符合标准。

通风?虞如坤也做到了窗、门均通风,通风口总面积占栽培面积的5%~10%。他采用的是放底脚风的方式,将棚两边的落地薄膜撩起来放风。南北走向的塑料大棚的门经常开迎风一端通风。

那还有什么没有做好呢?站在尼龙大棚里的虞如坤急得口干舌燥,他觉得自己快没辙了。雷笋它不长出来,求谁都没用。

由于中午迟迟不见丈夫回去吃饭。妻子来看他,进了大棚后,她也大呼好闷热,顺手拿起一壶水,喝了起来,喝完后递给虞如坤。

虞如坤边喝水边对妻子说:照道理,现在竹鞭应该萌芽了,温度、通风状况都良好,肥料我也给足了。可是,这笋怎么一点动静都没有呢?

妻子说:照道理应该是啊,但你说这大棚雷笋,谁也没种过,谁也说不准。这也没处去问。她边说边用毛巾扇着风,你说这棚里这么闷,这竹子该不会和人一样也渴了吧?一渴不就什么都长不出来了么?

虞如坤被妻子的一番话提了个醒:对呀,这棚里温度是够暖和了,但同样温度一高,土壤里、空气里的湿度不就下降了吗?

于是,他马上买来了湿度计,测量空气中的湿度。测量的结果并非他想象的这么简单。

他明白薄膜的透气性和透水性都较差,平时经常处于较密闭状态,土壤水分蒸发和竹子的蒸腾,容易形成空气湿度过高的状态。如果不进行通风,棚内的相对湿度可达 80%~100%,比露地高 10%~15%。

虞如坤发现大棚中空气的相对湿度的变化与温度变化密切相关,温度升高,相对湿度降低,温度降低,相对湿度升高。晴天、刮风天,相对湿度降低,阴雨、雪天,相对湿度显著上升。其日变化也很有规律,6 时左右湿度最大,可达 90%以上,而后逐渐下降,13 时到了最低值,湿度约为 5%~60%,然后相对湿度逐渐回升。

大棚中空气湿度变化还与棚的大小有关,容积大的湿度小,但局部湿度大;容积小的棚湿度日变化大于容积大的棚。大棚中土壤湿度,受灌水量和灌水次数的影响,同时土壤湿度和空气湿度又是相互影响。空气湿度高,竹叶面的蒸腾作用受到抑制,土壤湿度也相对较高。反之,空气湿度低时,土壤湿度也要降低。

虞如坤开始着手调节尼龙大棚的湿度。

一般都是比较高的,他通过改变温度和换气来实现。通过调温达到调湿。根据大棚中湿度变化的特点,如需增减相对湿度时,可在不影响温度要求的前提下,适当改变棚中的温度,从而达到改变湿度的目的。

如果棚内湿度为 100%，棚温为 5℃时，每提高 1℃气温，湿度约降低 5%；5℃~10℃时，每提高 1℃气温，则湿度降低 3%~4%；温度 20℃时，湿度为 70%；温度 30℃时，湿度为 40%；相反，如果温度下降到 1℃时，则相对湿度可升到 85%；温度下降到 16℃时，相对湿度几乎可达到 100%。

通风换气调湿，是最简便的大棚降湿方法，一般每次灌水后，在不影响温度条件的情况下，都要加大通风量，将湿气排出棚外，换入外界的干燥空气，以降低棚内空气的相对湿度。竹子对相对湿度的要求，比空气湿度要略低，而土壤湿度要适当高些。

换气的时候，都要科学地分析和掌握，正确处理保温和降湿之间的矛盾，如开天窗还是开地窗，开大还是开小，开多长时间等。

此外，对于土壤湿度，他也想到了一些办法。可以通过中耕、覆土来调节，也可以在扣棚以前，首先将水分浇足，否则土壤湿度会不足，待水分渗下去以后，用中耕覆土保持适宜的土壤湿度，从而降低空气的相对湿度，此外也可以地面铺草、塑料薄膜覆盖等，减少土壤水分的蒸发，保持土壤中的一定湿度。

1993 年的正月，虞如坤正在丈母娘家拜年。

这个名为栖霞坑的小村，年过得红火。七大姑八大姨碰在一起，唠得欢天喜地。男人们在饭桌上开始喝酒，他们拔出了拳头，开始猜拳。不喝得满脸、满嘴开始胡咧咧，那肯定是不会下酒桌的。

沙东头团扇厂流水线　胡美恩　摄

祠堂戏台上开始了越剧表演。这是当地一个村民的老母亲做寿,特地请来了当地有名的越剧团,表演三天。人们吃完饭,不顾寒风刺骨,挤在一起,嗑着瓜子,夸赞着台上的表演。过年,是农村里的头等大事。

虞如坤也挤在人群里,享受着春节里的气氛。

他的肩被人拍了拍,回头一看,是村里的队长。

队长做了一个听电话的手势,指了指大队间方向。

虞如坤明白是叫他去大队间听电话。

虞如坤的温室栽培雷笋事业,要从这一通电话真正起步。他拿起电话的那一刻,眼里的泪水顷刻流下。

电话里是家里打过来的,电话那头清清楚楚地告诉他:大棚里的雷笋出了!

旁边的大队干部,看着虞如坤拿着电话,流着眼泪,不知道出了什么事情,不停地问:怎么样?没什么大事吧?别急,有啥事情,缓着来。

虞如坤放下电话说:大事,天大的喜事!说完,他回去拉上妻子就跑。

回湖山村下周家的道路是蜿蜒曲折的,虞如坤行进在这条铺满石子的路上,他的内心有种说不出的激动,甚至还有些害怕。

对于温室雷笋的栽培,他付出了太多的心血,也承受了太多的嘲讽与不解。这些来自外界的阻力让他经常在深夜里叩问内心:这样做真的对吗?是否我该和其他的农民一样,去侍弄好自己的田地，种好自己的粮食？这样不计成本的投入，会毁掉苦心经营的家庭吗？村里的冷嘲热讽已经让父母和妻子不堪重负，难道真的他们要一辈子陪着自己艰辛创业吗？他们已经把所有的积蓄拿出来，支持自己的温室雷笋栽培事业，不知道自己能不能给他们回报？

这些问题在虞如坤的心里不断地盘旋，他在忐忑不安中等待，他也害怕过。害怕亲人等不到他成功的那一天，害怕所有的人会在自己失败的时候，给予致命的一击。

现在这一切谜题将要揭开答案，这个答案就是那座尼龙"宫殿"里的雷笋。

虞如坤打开尼龙大棚的门，他握住门把的手有些颤抖，就像即将见到刚刚降临人世的孩子一般，他有种不知所措的感觉。

他轻轻掀开铺在地面上的稻草，跃入眼帘的是鹅黄色稚嫩的雷笋尖，它们像开在春天里嫩黄色的花朵一样，从地面的各个角落里冒出来。

虞如坤掀开地面覆盖物，找到一簇，又找到一簇。妻子也在那边喊这里有好多。夫妻俩像两个获得新年礼物的孩子一样，不停地在竹林里奔跑、穿梭，彼此交换着各自的新发现。他们知道自己付出的心血终于结出了果实。

虞如坤第一时间给那个木工打了个电话，请他来自己的家里喝酒。

木工穿着他过年的新衣服，拎着一包年货，敲开了虞如坤家的门。虞如坤摆了一桌的好菜,把木工迎上了席位。

酒过三巡,虞如坤向自己的妻子使了个眼色,举起酒杯对木工说:过年了,先谢你年里的辛苦!我没什么好招待你的,家里只有素菜,多担待!

木工与主人碰了杯说:说的什么话,乡里乡亲的,应该的!他一仰脖子喝完了整杯酒。

虞如坤起身进了厨房,他端出了第一盘冬天里的红烧雷笋。

为什么说是第一盘冬天里的雷笋呢?因为在此之前,没有哪一个人在寒冬腊月里能产出雷笋来。恐怕当初发现雷笋的赵智德老先生想破脑袋也绝对想不到,这只在阳春三月出土的雷笋,居然会在如此严酷的冬日里出现。

这个木工也没有想到,他能够吃到冬天里溪口镇上的第一筷子雷笋。虞如坤和妻子两个人坐在餐桌边,他们静静地看着木工下筷。

木工瞪大了眼睛看着眼前的这碗素菜,他有些不敢相信自己的眼睛。在他的认知里,冬天里是绝对不可能看得到雷笋的。这夫妻俩是变了什么魔术,才能变出这么鲜嫩的东西来?

木工开始小心翼翼地咀嚼,顷刻他的齿颊间充满了甘甜和竹笋特有的清鲜。

虞如坤也小心翼翼地问:味道怎么样?

木工放下筷子,举起酒杯说:我做木匠,跑遍了奉化,不管饭店还是农家,吃的是百家饭。要我说,今个儿是我吃过的最好吃的一道菜。来，我敬你们俩，今天真是让我开了眼了！说着站起来与虞如坤夫妻俩碰杯。

虞如坤终于松了口气，他一直不敢动筷，生怕这笋的品质出现问题。他也开始享用这辛苦得来的美食。

木工出门告辞：来年要用得着我的地方，尽管说话。随叫随到！我说话算话，免费提供劳力！

虞如坤拎着一袋新鲜的雷笋说：拿回去尝个鲜，我在这里先谢谢了。来年免不了麻烦你。说这话的时候，虞如坤心里已经有了另一番的打算，他要开辟一片更大的天地。

当时的雷笋能在二月末出笋，已经算是早了。因为浙江省奉化溪口地处江南，江南冬天阴冷潮湿，出笋时节一般较晚。等到进入雷笋出笋旺季，笋就卖不上价钱了。当时的市价也就2—3毛钱一斤。

第二天一早，虞如坤和妻子挖了二十多斤雷笋，走进了溪口镇的农贸集市。正值正月初，溪口农贸集市里的人并不多，多数家庭在年前已经采购了大量的年货，很多摊位也空着，并没有卖家出来卖东西。

看着空空荡荡的菜市场，虞如坤的妻子有些心慌。

她拽着丈夫的袖子说：你看，这市场人这么少，咱们的笋卖得出去吗？

虞如坤心里其实也没底，但一个大老爷们，总得有点胆气。他硬着头皮说：怕什么，我们家的这宝贝，哪家都没有。物以稀为贵,你就等着瞧吧,用不了半天,都得抢着要咱家的笋。

两个人找了个摊位,摆开了雷笋。

正月里的人们享受着假期的快乐,进入菜市场也是行色匆匆。对虞如坤放在地上的雷笋,很少有人顾及。

一个小时过去了,除了偶尔有人问了问价格,虞如坤的销售营业额为零。空旷的市场,吹过来的风也带着寒意。夫妻俩的心也逐渐在降温。雷笋终于种出来了,但是如果没人要,那就是失败的。

接近中午时分,一个挎着菜篮子的中年妇女,询问雷笋的价格。虞如坤本来是卖三块一斤,他想想这么没人买,于是报价二块。那个妇女本来在挑选雷笋的手,像是被蛇咬到一样。一下子就扔了雷笋,说:两块一斤,你这笋一根就得两三斤。我能买两斤猪肉了,这哪吃得起啊!

咱们来看看在这个年代国民经济和社会发展的一个统计公报。

这是中华人民共和国统计局在1994年2月28日的统计公报,截取其中的农业产品产量与居民生活费用价格。

中华人民共和国
1993年国民经济和社会发展统计公报

中华人民共和国国家统计局(1994年2月28日)

1993年,各地区、各部门深入贯彻党的十四大精神,改革开放和现代化建设迈出新步伐,加强和改善宏观调控取得积极成效,国民经济持续快速增长,人民生活继续改善,社会事业进一步发展。

【农业部分】

农业生产获得好收成,农林牧渔业持续发展。全年农业增加值6650亿元,比上年增长4%。

主要农产品产量中,粮食、油料产量创历史最好纪录,蔬菜、水果生产再获丰收,但棉花、糖料产量下降。

主要农产品产量如下:

1993年			比上年增长%
粮食	45644	万吨	3.1
其中:谷物	40956	万吨	2.0
油料	1761	万吨	7.3
其中:花生	801	万吨	34.6
油菜籽	695	万吨	-9.2
棉花	376	万吨	-16.6
黄红麻	65	万吨	4.5
甘蔗	6413	万吨	-12.2
甜菜	1210	万吨	-19.7
烤烟	308	万吨	-1.2
蚕茧	76	万吨	9.6
茶叶	60	万吨	6.8
水果	2988	万吨	22.5

市场价格总水平涨幅高,特别是大中城市涨幅更高,服务项目价格涨势较猛。

1993年各类价格比上年上涨幅度(%)

1. 居民生活费用价格　　14.7
   其中:城镇　　　　　16.1
   35个大中城市　　19.6
   农村　　　　　　13.7
2. 零售物价　　　　　　13.0
   其中:食品类　　　　14.3
   粮食　　　27.7
   食用植物油　16.2
   衣着类　　　6.2
   日用品类　　7.9
   文化娱乐用品类　1.6
   书报杂志类　7.1
   药及医疗用品类　9.2
   建筑装潢材料类　28.8
   燃料类　　　35.0
3. 服务项目价格　　　　27.9
   其中:城镇　　　　　30.8
   35个大中城市　　38.6
   农村　　　　　　25.7

4. 工业品出厂价格　　　　　　24.0

5. 农业生产资料零售价格　　　14.1

6. 农副产品收购价格　　　　　13.8

从中列举几项农副产品的单价：

全国十个大城市猪肉均价（集市价）：7.52元/千克

大米约8毛钱一斤

土豆2到3毛一斤

1993年到1994年，中国的月平均工资大约在200—300元左右。

从以上数据可以看出，中国的农业经济经过国家宏观调控，增长的幅度是极快的。随之而来的人民的生活费用也同步提高。但当时人均收入却远远落后于消费水平。

当时在溪口镇上的街面房也就一万元左右。万元户更是寥寥可数，人们还处在温饱线上。虞如坤的雷笋相当于餐桌上的奢侈品了。

中年妇女面露可惜之色说：这雷笋吃是好吃，可有多少老百姓吃得起啊？除了饭店，估计是没人买这种东西的。

中年妇女的一番话，提醒了虞如坤。

对啊！这个季节吃新鲜雷笋的对所有溪口镇上的人来说还是件新鲜事儿，况且现在雷笋的成本这么高，卖出去的价格自然也不能降低，对于居民来说，一下子接受这么高的餐桌消费，还需要一个过程。虞如坤想到了一个推销的地方。

他拎起两袋雷笋，对他妻子说：你在这里守一会儿，我去去就来。

妻子不知道丈夫葫芦里卖的什么药，她忧心忡忡地看着丈夫远去的身影，不知道接下来等待他们夫妻俩的是什么命运？

虞如坤马不停蹄地赶往一个地方。

正月里的寒风割在他脸上，他骑着自行车，两袋雷笋就绑在他自行车的后架子上。他要做一次尝试，雷笋的销路能不能打开，要看这一次的试金石灵不灵了。

虞如坤拐进了一个弄堂。

弄堂很狭窄，地上铺的石板也有些年头了，整条弄堂里充满了一股油烟味儿。他把自行车停在了路边，解下了那两袋雷笋。

虞如坤敲开了弄堂里的一扇门。门打开了，伸出一个戴着厨师帽的头来。

厨师帽指了指门旁的字，虞如坤抬头看了看，上面的字已经被油烟糊得一塌糊涂。不仔细看，根本看不出"厨房重地，闲人免进"几个字来。

虞如坤摸出了一根烟，递了过去，大声说：老兄，我找你们的经理，送食材来的！

厨师帽接过了烟，瞧了瞧一身土气的虞如坤，再看了看他手里提的两个麻袋。听虞如坤的口音是本地口音，说了句：二楼，别给我找麻烦。

虞如坤赶紧侧身进了门，他来到了二楼的经理办公室。

虞如坤来到的这家饭店是溪口镇上数一数二的饭店。溪口镇并不大，当时的旅游业没有像如今这么发达，人们还没有解决温饱问题，自然两条腿也迈不开，出门旅游对中国人民来说，那还是可望而不可及的一件事。虽然，溪口有着蒋介石这个人文因素在，但是交通的限制，以及地域的偏远，导致溪口这个千年的古镇，在当时籍籍无名，踏足当地的游客也是寥寥可数。当地的饭店接待的也是比较高贵的客人，在饮食上，同样也是当地的一个标杆。

饭店的经理是一位五十出头的中年男子，他打量着毛遂自荐的这个农民。

这个裤腿上还沾着泥巴的农民向他递了根烟，他摆了摆手，脸上有些不耐烦地说：你有什么事？

每年都有这样的人向他推销各种各样的东西。大多是些农副产品，基本上没什么特色，都是些本地的土特产。

虞如坤解开了袋子，说：经理，您贵姓？

经理回答：免贵，姓江。大兄弟，我这里不是农贸市场，也不收什么野味。咱们饭店都是正规渠道进的货，采购都要检验合格的食材，才能进门。你还是趁天色早，早点回家吧！

虞如坤"嘿嘿"笑着，也不恼。他说：江经理，您误会了。今天我不是来推销的。我是来请客的。

江经理笑了：你来请客的？大兄弟，你别逗了。我这里是饭店，你打算请谁的客，难不成你想请全饭店的人吃饭？我问你钱带够了没有？

虞如坤拍了拍胸脯说：请全饭店的客人吃饭倒不难，我就说一道菜，您这里要是有，那今天所有客人的饭钱，我包圆了！

江经理听了这看起来老实巴交的农民兄弟一番话，哈哈笑了起来，说：我听过吹牛的，还没听过在我这饭店里说点不出的菜。他看这农民也见不了什么大世面，打算逗逗他。你说说看，要是真有你说的这道菜，咱厨师立马给你做出来！

虞如坤说：我也不能为难你，不点什么龙肝凤胆。我就点一道家常菜，而且我能做得，你家现在就做不得！

江经理一听，这还有踢馆的意思啊！他暗地里有了些火气。说：那行，你倒说说看。你要真能做到，我今天请你吃上席！

虞如坤不疾不徐地说：您就给我做一道咱们溪口最家常的——红烧新鲜雷笋吧！

江经理皱了皱眉头，心想，这菜确实是道家常菜。可是眼下寒冬腊月的，去哪里找新鲜雷笋来做？他说：你说得倒轻巧，菜是家常菜，咱溪口人谁都会做。但眼下哪来的新鲜雷笋，你这不是来抬杠的嘛！你刚才说了，你做得出来，要么是大罗神仙了，给我变些新鲜雷笋出来。我看你今天是存心来闹事的，你这老小子，吃不了撑的，赶紧滚！

虞如坤面不改色：江经理，刚才是跟您开的一个小玩笑。还请您原谅！不过，我今天来的目的确实是想请大家伙儿吃一道菜！

竹艺 江迪 摄

说着，虞如坤拿出了袋里的一株雷笋。

这株新鲜雷笋大约一尺半长，笋壳鲜红，笋根白皙。笋的整体粗壮鲜灵。

江经理本来坐在办公桌后，看到眼前这棵真真切切的新鲜雷笋，他一下子站了起来。

虞如坤说：江经理，我这里有两袋雷笋，麻烦您的厨房，烧成一道红烧雷笋，请您饭店里的客人尝尝鲜。

江经理这下可真是看走了眼，他无论如何也想不到，眼前这个农民能变出一大堆只有在春日里才能见到的东西来。他点了点头，说：看来我是有眼不识泰山。这位朋友，你先喝口茶。

说着他叫来了总厨，去烧制雷笋。

虞如坤的大棚雷笋从那天起，有了销路。这条路，在饭店的推广下，越来越宽。从夫妻俩在菜市场里摆摊，到各饭店的采购人员上门收购，再到提前两天付款预定。虞如坤心里踏实了，他明白这条路走对了。

他的雷笋在这一季里，从无人问津到脱销，只用了半个月时间。平常日子里只能卖2毛的雷笋，在这个寒冬里卖出了天价。

虞如坤算了一笔账。他的两分雷笋地，在春季，如果出笋率高，大约能收入一千元左右。但在这个冬天，他利用大棚温室栽培雷笋，整整比春季雷笋多收入了五千元，也就是说，在这一年，他收入了六千元。

两分地的大棚雷笋成功点燃了虞如坤心中致富的希望，也重新燃起了他对大山的希望。湖山村下周家世世代代的农民,他们的居所前面有地,身后有山。虞如坤这个倔强的土农民,他的背脊如同身后的四明山一般铮硬,他要硬生生地从大山里刨出食来,挖出"金子"来。

五 全镇首富

自 1949 年以来,过去的几十年里,中国经济改革取得巨大成就。虞如坤的视界越来越宽,他眼见着城市的壮大,身边的农村改变着它的模样。人们从吃不着到吃得饱,从穿不暖到穿得好,他意识到应该迈开更大的步子,朝着另一个方向大踏步地前进了。

虞如坤的眼睛并没有一味地盯在自己的那两分雷竹地里,他开始更多地走进城市,走进一些工业企业,汲取更多的养分。

"承包"这个词语在虞如坤的脑子里不断地盘旋。他不断地翻阅着各种资料,寻找着自己内心的靠山。他需要一座强大的靠山来支撑内心,这座靠山也许不是真实地存在在自己的身边,但它能够激励自己继续走下去。

他终于找到了这个让他吃了定心丸的人物。

这个人远在天边,但虞如坤却笃定地认为,有了他的事迹,不光能够说服自己去开创更大的天地,也能够说服家人。

这个人叫马胜利,跟虞如坤没有半点关系。

这个马胜利的事迹让虞如坤胆气十足,也许在他的内心里本身就有着张扬的个性。

20世纪80年代末,摇滚歌星崔健的一曲《一无所有》风行南北。用马胜利的话讲:"那是一个张扬个性的时代。"

也就在这几年中,马胜利的声音响在各种场合的座谈会或讲座上。他提出的"三十六计"和"七十二变"承包思路成为国营企业摆脱困境的灵丹妙药。他在承包第一年就为厂里盈利140万元,承包4年,利润增长21.94倍。

1986年年底,马胜利获得"时刻想着国家和人民利益的好厂长马胜利"和"勇于开拓的改革者"称号。

1987年,马胜利被评为国家有突出贡献的科学技术专家。

1987年,马胜利开始"放眼中国",决定承包20个省、100家中国造纸企业,这是一项带有"中国"名头的工程,全称叫"中国马胜利造纸集团",他一人担任100家分厂的法人代表。没有人怀疑他的托拉斯梦想,毕竟这是一位曾4次受到邓小平接见的、头上顶着众多荣誉光环的人物。

1988年,马胜利和鲁冠球、汪海等20人荣获中国首届企业家金球奖。1986年和1988年马胜利两次获得五一劳动奖章。

在虞如坤们还挣扎在农村生产第一线上的时候,马胜利已经在承包制上面经历了实践和辉煌。

一位有名的经济学家说过:世界上最难的事,是做前人没有做过、不知怎么做的事；而世界上最有价值的事，也是做前人没有做过、不知怎么做的事。虞如坤要做的正是这样的事情。

虞如坤认为马胜利的故事虽然是国有企业承包，但是对农业经济改革提供了极为有利的借鉴和经验。

他又寻找到了一些近期以农业为重点的整个经济体制改革方面的试验和探索实例。中国已经在农村采取了一系列重大措施，也取得了显著成效和重要经验，使经济生活中出现了多年未有的活跃局面。

虞如坤明白改革是初步的，进一步改革是农业经济进一步发展的内在要求。

农业是起着中国经济稳定、城市人口输出等作用的行业，农村是现代农民和涉农产业集中的地方，起着主导作用。只有坚决、系统地进行改革，繁荣经济，才能适应新形势，使农村现代化更快、更好地发展，农民们才能真正地过上好日子。

翌年，虞如坤向林果场承包了雷竹地。

雷竹地的承包面积达到了十亩，这十亩林地的承包，虞如坤砸进了所有的家当。

如此大面积地进行尼龙大棚雷竹栽培，与以前的二分地试种有着巨大的差别。

虽然虞如坤已经在尼龙大棚覆盖栽培雷竹上面取得了一定的成功，经济效益也不错。但是这次的大面积"扩军"，对虞如坤的精力和管理能力是一个极大的挑战。

虞如坤（图左）与国家级林业专家攻克竹笋高产栽培技术难关

他把目光投向了湖山村下周家里。他明白靠他一个人的力量是无法取得最大的经济效益的。同时虞如坤也明白"一个人富不算富,大家一起富才算富"。只有整个村子富裕起来了,才能让大棚雷笋走出溪口,走出宁波去。

这一年,虞如坤靠卖大棚雷笋,毛收入达到了 30 万元。

对于手头缺钱,建一所新房,娶个老婆,还需要向亲戚朋友借钱的老百姓来说,经济收入是最好的证明。这个证明让湖山村下周家的村民们,纷纷向虞如坤靠拢,寻求致富的经验。

溪口镇农户的首富,这个头衔虞如坤用一年时间就把它挂在了自己身上。他一年的纯收入达到 20 多万元,他回忆道,溪口最好的店面房,也就两万元不到一间。

虞如坤甚至惊异于自己当时大棚雷笋的火爆,溪口的饭店、菜场,纷纷上门订购雷笋。渐渐地,奉化、宁波的商家也获得了虞如坤这个"雷笋大王"的信息,他们也纷纷找到了虞如坤,开始订购大棚雷笋。一时间,他的雷笋供不应求。

用门庭若市来形容当时虞如坤的家并不为过。

这些来拜访的客人中,有订购雷笋的客户,更多的是那些慕名而来,前来取经的农户们。

对于这些农户,虞如坤一概倾囊而授。他还陪着他们前往实地参观。

但是很多农户参观了山上的大棚雷笋基地后,都失去了来时的热情,纷纷打了退堂鼓。

原本以为能够把尼龙大棚雷笋栽培技术推广出去的虞如坤,也开始纳闷,为什么农户们对这条致富的金路却畏首畏尾了呢?

一个远房亲戚的拜访解开了虞如坤心中的疑虑。

附近村落的一个远房亲戚进了虞如坤的尼龙大棚里。他进门的时候,虞如坤正在挑肥料。

虞如坤卸下肩上的担子,一抬头,发现是自己的堂兄弟。赶紧招呼:有良哥,你来啦!

这个被称为有良的中年农民,脸上布满了沧桑,不到五十的人皱纹爬满了额头,粗糙的双手不停地搓动着,喉咙里发出一声:哎!忙着呢?

虞如坤知道这个堂兄弟不会说话,是个三棍子打不出一个闷屁的人。今天来找他,肯定是遇上了难事。他搂住堂兄弟的肩膀,说:走,先回家,到饭点了。咱们喝个酒!

老实巴交的田间劳作者只要有了酒,心里的话就掏出来了。

有良跟虞如坤碰了几杯,话匣子就打开了:今天来见你,说实话,我脸上都觉得难为情。你看看,你的日子过的!

虞如坤替他倒上了酒说:你看你这话说的,都是农村里的人。再者说,我们自己人,说什么你好我孬的话。不就是过日子嘛!

有良低头叹了口气说:你不知道,我家那几亩烂地,真是种什么烂什么。不瞒你说,儿子到娶老婆的年纪了,连个彩礼钱都成问题!

虞如坤明白了，堂兄弟是开口借钱的。他说：有良哥，兄弟之间，尽管开口，多多少少的，能帮上的肯定会帮。

有良赶忙摆手：误会了！误会了！你看看，让你们误会我是来借钱的了。我知道帮得了一时帮不了一世这个道理，借钱也有还的时候。今天我拉下老脸，就求你一件事。

虞如坤赶紧赔罪：哥，你看，我这人心直。我没别的意思，你可别往心里去啊！有什么事，你尽管说！

有良说：你是好意，我晓得的。我也没别的本事，就一身力气。我想给你打一年的小工，工钱一分不要。来年我也想种这个雷笋，你看行不？

虞如坤心中叹了口气，有良的状况不是个例，现在农村里像有良这样的家境是普遍现象。要真正改变全村，甚至全镇的现状，是个不小的难题。

他举起了手中的杯子，说：喝完酒，我先带你看看我的雷竹地。什么打工不打工的，说出去让外人笑话。我这里有的，你全部可以参照，我不留一分一毫。

虞如坤带着他的堂兄弟，转遍了雷竹大棚培育基地。详细地向他介绍了雷竹的移植、培育，雷笋的出笋情况。最后有良向他询问了大棚的建设费用和后期维护费用。

直到有良远去的身影消失在山的阴影里，虞如坤才把目光收回来。

他心里的疑惑有了答案，尼龙大棚栽培雷笋的成本太高了，对于还挣扎在温饱线上的农民们,是一个巨大的风险投入。大多数农民是不愿意借钱去搏这样的机会的。在他们的手里并没有掌握熟练的培植经验,一旦失败,对他们来说,是灭顶之灾,根本没有回旋的余地。这样与命运相搏的机会几乎从来没有出现在世世代代挣扎在一亩三分地上的农民身上。不能说他们缺乏勇气,只能说时代从来不曾眷顾他们,老天只给了他们风雨。风雨带给他们粮食,同时也带给了他们磨难。

虞如坤的肚子吃饱了,住上了好房子,手头有了闲钱了。他的心思开始活泛起来,他要开始实现他应承阿姆的话了。

阿姆坐在这条剡溪边说过:我也知道这是条溪水,咱们村子里谁都知道,那是座山,这是条溪。但阿姆想让你以后知道这座山,这条溪,能不能不光就是座山,光就是条溪,能不能变着法儿,给我说出个其他的门道来?

阿姆的话,在年少的虞如坤心里深藏了几十年。那个为他的学业,为他的人生付出过的家庭,他不会忘记。他现在就要做出个门道来。这条门道得让村里的人都走得通,让全镇的人都走得通!

六 "星火"燎原

敢想敢做的虞如坤又要折腾了,这次他要放弃让他发家致富的尼龙大棚雷竹栽培。

听到这个消息的家里人又开始对这个一家之主有了意见，不知道他又要出什么"幺蛾子"。村里的人也纷纷对这个抱着金饭碗还打算去要饭的男人表示不解。

这次虞如坤有着大胆的想法。他要改变成本高、不适合普遍推广的尼龙大棚栽培技术。这次他想出的"幺蛾子"，是改变奉化溪口全镇农业结构的雷竹"覆盖增温"技术。

这项技术对溪口农业经济非常吃香，但对于虞如坤来说那可就是臭气熏天了。

虞如坤想要彻底抛弃尼龙大棚，但这个宝贝疙瘩可是他的心头肉啊！要想寻找出它的替代物，可没那么容易。

虞如坤思谋着：第一，这物件得能给土壤增温；第二，得有丰富的营养供给；最重要的是还得物美价廉，运输方便，随时能够找到。

最终，砻糠、鸭泥成为了虞如坤首选。砻糠是指稻谷经过砻磨脱下的壳。

虞如坤发现本地有着大小不一的大米加工厂。砻糠只是当时的燃料，那些企业锅炉、企业食堂均要用砻糠，特别是江浙地区遍布砖瓦窑，均需用砻糠作为燃料，所以以前砻糠身价较高。

但随着经济的发展和产业结构的变化以及人们生活状态的变化，居民大多用上了液化气。企业的食堂锅炉均用上了煤和液化气，特别是由于泥土的紧缺和地方的开发，大大小小的砖窑、瓦窑、石灰窑都停了、关了。

砻糠的前途暗淡了,从过去的抢手货变成了如今的滞销物,从过去要几十元一吨排队订货到后来的几元钱一吨。如果没有人要,就要无偿送人。较大规模的米厂,如果砻糠送人也没人要,就得出钱叫人运走处理掉,才能保证大米生产。

而小规模大米加工厂,只把砻糠随意乱堆乱放,大风一吹,砻糠随风飘起,路上、屋上、河面上到处都是,污染了环境,污染了空气和河道,人们怨声载道,更有甚者干脆把砻糠付之一炬,当地曾经有几起由于烧砻糠而引发的火灾。

砻糠变成了人们手中的棘手物,不知道怎么来处理它。

虞如坤发现了它的价值,砻糠的保温性能较好,而且质量轻,方便运输。最重要的是它的随处可见,只要有大米加工厂的地方就有,运输极为方便。

鸭泥其实是一种鸭屎与泥的混合物。它的营养丰富,可以作为发酵物,也可以用农家最普遍的鸡粪来替代。

虞如坤寻找到了低山缓坡,背风向阳,水源相近,运输方便的林地,利用秋末冬初时节,开始准备这项技术的实施。经过实践,他总结出了雷竹的"覆盖增温"技术。

这里略作普及。

1. 备足覆盖物。一般每亩用砻糠2000袋左右,如利用陈砻糠可酌情减少新砻糠用量,节约减少覆盖材料成本。每亩新鲜鸭泥7500~10000公斤,也可用鸡粪100~120袋替代,作为发酵物。

2. 做好覆盖前清园工作。清除老弱病残竹、竹梢和杂草，开好并疏通排水沟。

3. 覆盖技术环节。把握好湿度、厚度、温度技术环节，覆盖之前一段时间每亩施复合肥 50 公斤；覆盖时先要对林地进行浇水，用水量视天气情况而定，以土壤表层湿透为宜；然后覆盖陈砻糠 5~6 厘米，再铺上鸭泥，避免鸭泥粪水直接渗入土壤，造成对竹鞭嫩根和笋芽的损害，接着覆盖新砻糠 10~15 厘米，并浇上水，湿度控制在 60%~70%。随着冬季气温骤降可逐层加盖砻糠保温，确保覆盖层温度在 18~25 摄氏度之间。

4. 覆盖林地要求。一般竹园覆盖 3~4 年需休养生息。

他采用砻糠、稻草和木屑等不同的覆盖物在雷竹地里进行覆盖试验。经过比较，砻糠覆盖成本低、出笋早、产量高，一亩本来只有 500 元左右收入的雷笋地，能够增加到万元。并不难的种植技术，能够有这么好的收入，虞如坤终于找到了一条能够让农民共同富裕起来的道路。

竹农们开始纷纷效仿，溪口镇未种雷竹的农民也种起了雷竹，砻糠覆盖增温提早出笋技术开始像春天的雷笋一样开始蔓延开来。

2004 年，虞如坤从未想到，他一个整日在农田里找饭吃的农民，会与一个国家级的项目扯上关系。

这个国家级的项目就是国家科委提出并实施的"星火计划"。星火计划是党中央、国务院批准实施的依靠科技进步振兴农村经济，普及科学技术带动农民致富的指导性科技计划，是我国国民经济和社会发展计划及科技发展计划的一个重要组成部分。

星火计划的宗旨是：坚持面向农业、农村和农民；坚持依靠技术创新和体制创新，促进农业和农村经济结构的战略性调整和农民增收致富；推动农业产业化、农村城镇化和农民知识化，加速农村小康建设和农业现代化进程。

星火计划的主要任务是：以推动农村产业结构调整、增加农民收入，全面促进农村经济持续健康发展为目标，加强农村先进适用技术的推广，加速科技成果转化，大力普及科学知识，营造有利于农村科技发展的良好环境。围绕农副产品加工、农村资源综合利用和农村特色产业等领域，集成配套并推广一批先进适用技术，大幅度提高我国农村生产力水平。

虞如坤正是依靠着中华人民共和国政府强有力的支持科技振兴农业的决心，坚定不移地走在了科技兴农的道路上。

虞如坤联合五家农户，在溪口成人学校的支持下，搞起了夏秋季出笋试验，使雷笋的出笋期又提前了。秋季出笋等于把雷笋上市的时间由先前的冬季和春季提前到秋季，提前近半年时间。如果成功，溪口雷笋又能抢占市场先机。

一场"雷笋革命"正在溪口——这个江南千年小镇轰轰烈烈地进行。

雷笋正在成为溪口农业经济产业链中的重要一环。

溪口镇农业由"水蜜桃""雷竹""花卉"三大主导农产品

构成。其中雷竹是一项支柱产业，雷竹面积从上世纪70年代初的两分地发展到现在的4.2816万亩，其中有机雷笋面积1.9834万亩，雷笋产量达到4.5万吨，产值1.8亿元，占全镇农业总产值的29%。全镇有1.3万户经营雷笋产业，户均收入1.3万元。

雷竹经济已经成为当地农民主要收入来源之一，雷笋已经成为溪口农业的特色主导产品，也是农业增效、农民增收的重要产业。

2000年上海市蔬菜集团公司和宁波市蔬菜副食品办公室把溪口雷笋基地列为两市的菜篮子工程基地。

2001年8月，溪口镇5025亩雷竹园经国家环保总局有机食品发展中心颁证委员会考评，被确认为目前国内雷笋生产中唯一通过有机生产认证的有机雷笋基地。

同年被誉为中国雷笋之乡，2007年被评为宁波市农业产业基地，2003年和2006年在浙江省农业博览会上"溪口牌"有机雷笋被评为金奖产品。

通过溪口成人学校的全力支持，《雷竹夏秋季出笋技术研究和推广》项目，向国家科技部"星火计划"办公室申报国家级"星火计划"项目。

经过两年三上三下的严格评审和科学论证，国家科技部"星火计划"办公室认为该项目能使农业增效、农民增收，发展前景广阔，溪口成人学校又有承担培训推广任务的能力——申报一举成功，还获得了20万元的经费补助。

与此同时，雷竹夏秋季出笋试验也取得了实质性的成功。辛勤的付出，有了丰厚的回报。试验结果不但使每亩成本节省一半，而且还使产笋期延长1~2个月，亩均纯收入突破万元，比普通雷竹高出两倍。

对于虞如坤来说，在竹子上，乃至是农业上的突破是永远没有尽头的。他的脑子像一台永动机一般不停地转动着，他想带动的已经不仅仅是自己的家庭、自己的村子，他想要在溪口整个农业经济链中加上一把力，推动略微生锈的时光机器，让农民们能够依靠山林过上富足的生活。

为提高雷笋的市场价格，虞如坤又动起了脑筋。

他在栽培方法上继续摸索。方法改进，再改进！

第一次的"覆盖增温"技术虽然大幅度提高了雷笋产量，产生了经济效益。但他想着，能否再一次升级这个技术呢？

他把用鸭泥和新砻糠二层覆盖改为以老砻糠打底再加鸭泥和新砻糠，结果用三层覆盖的雷笋肉质厚、品质更佳、卖相更漂亮，市场价格特高，每亩地又可增加收入一到二成。

节约，也是挂在虞如坤口头上的一个词。

成本的节约，让他也是煞费苦心。为充分利用好老砻糠，他着手研究陈砻糠风干贮藏技术，这一技术使每亩地节省砻糠成本7000元。虞如坤自己的年纯收入也从20多万元增加到55万元。

笋出得越早，产量越高，经济效益越好，每亩地出笋5000斤以上，亩纯收入突破2万元，同时填补了夏秋季市场无笋供应的空白。

溪口镇的雷笋市场，在虞如坤的带领下，慢慢形成了气候。

虞如坤自2005年5月开始担任湖山村下周家的村民组长，带领湖山村下周家开始雷竹的种植。雷竹的培育已经达到几百亩以上。往日的荒山变成了绿色的"海洋"。"金子"正从褐色的土壤里流出。

就在人们庆幸着丰衣足食的日头来临，品尝着雷笋带来的甘甜之际，一轮新的灾难正在悄悄降临。

虞如坤是第一个感知到这个足以让竹农们丢掉饭碗危险的人。

他踱步在一片六年陈的竹林边，这片竹林已经进入竹笋的盛产期。他伸手挖起一块雷竹地里的土块。土块明显已经有结块现象，碱化现象严重。

他的心也如同这些碱化的土壤一样郁结起来。如果雷竹地常年使用鸭泥砻糠覆盖，会使土壤严重碱化。

竹笋生长对土壤营养的要求高，土壤营养状况与竹笋产量关系十分密切。竹笋，生长期长、产量高，对土壤中各种营养元素的需求量大，要求肥沃疏松的土壤条件。很多竹农为了追求利益的最大化，开始疯狂地对雷竹地施用鸭泥。

虞如坤根据自己的经验，他知道一亩的雷竹地，大约使用的鸭泥只能在1万公斤左右。一旦超过这个限值，效果将适得其反。

他抛下了手头的工作，开始对附近的雷竹地进行探测。

一路查看下来的结果，让虞如坤感到深深的忧虑。

他找到了其中几家种植面积较大的竹农。

翠郁的远山望过去，飘着几缕青烟。晚饭的时候，虞如坤敲开了一家竹农的大门。

大门修得金碧辉煌，连门环都是金色的。墙砌得越来越高，上面拉着电网，门口还修了一个车库。虞如坤笑了，现在的日子，都过成皇帝老儿的样子了。

他进了门，搬了把凳子坐在门口。竹农建国赶紧沏茶，虞如坤是他的恩师，几年的风风雨雨都是在他的帮衬下过来的。附近很多村民同样是在他的帮助下，才有了楼有了好日子。

建国递过了茶杯。虞如坤开口：建国，我这两天在山上转了转，你可够狠心的啊！

建国愣了愣，说：阿坤哥，你这话说得我摸不着头脑了。

虞如坤啜了口茶：我是说，你这鸭泥用得够狠的啊！我瞧着一亩地得用上了2万公斤吧！

建国嘿嘿笑着：你说这舍不得孩子套不着狼，不是？要让笋子出得旺，这些钱该花还是得花！我倒前两天也看了你家的竹林子，我还跟大嫂开玩笑，说你抠搜呢，一亩地用的鸭泥这么少。

虞如坤摇了摇头：你们几户人家都这么个德行，你知道这土地也是有脾性的，你光给它下猛料，不知道到时候，它要败下去的。头两年给你多出几斤笋,问题是到后面,竹林子是要萎掉的。

建国撇了撇嘴角:大家伙都这么干,眼前的钱不赚到手,过几年,谁还知道这笋价会掉到哪里去?

虞如坤一顿茶杯说:你过几天跟我一起去宁波一趟。现在我说了也不算。咱们认科学,科学说啥是啥!

虞如坤从几家农户家出来,叹气坐在了剡溪边的埠头的那块石条上。

他的心里感到莫名的纠结,就像这溪流遇到石窝,不停地打着转转。现在的村民们开始有了经济基础,再也不会像以前那样听你的说教了。

他们以为土地就是个永远挖不完的聚宝盆,只要拼命往外掏,金子就源源不断地流淌出来。他们忘记了世世代代养育他们的土地也是有生命的,等土地母亲的乳汁都被吸干的时候。人们还得回到那个贫瘠的年代,到那时候,失去的将是一切赖以生存的。

虞如坤已经开始意识到环保这个人类将来必须面对的课题,他又一次走在了人们的前面。

湖山村下周家以及附近村落的雷竹林地普遍存在土壤碱化、盐化、板结现象。

雷竹喜爱微酸性土壤,这样的土壤比较适宜雷竹生长,土壤一旦碱化,地力受到破坏,雷竹竹鞭生长便会衰退,程度严重的甚至会发生死鞭，造成竹林衰败。

虞如坤挖取了雷竹园土样，联合了几家农户，把土壤送至宁波环瀛农业科技有限公司进行了土壤检测。

检测数据表明，几个点土样除湖山村下周家虞如坤的竹园很少施鸭粪（俗称鸭泥）pH 值为 5.66 外，其余几个点的 pH 值均大于正常值 6.5，最高为 7.34。

这个检测结果让建国和几个竹农低下了头。

虞如坤从调查中了解到土样超标的雷竹园经营户均使用了过量的鸭粪，导致雷笋严重减产，并将影响到次年的笋产量，损失将更加严重。

虞如坤通过实践检测，并调查种植大户的培育过程，证明过量使用鸭泥、盲目使用化肥会导致土壤中磷、钾的大量残留致使土壤碱化。

究其原因有二：

一是施肥不当。现在农村有机肥料使用比较少，一般农户盲目施肥，除了化肥就是鸭泥，科学施肥、科学管理意识淡薄。

二是土壤检测困难。竹农对自己经营的雷竹地土壤物理化学性状不了解，即使想检测，一者要找宁波相关部门怕麻烦，二者检测费用昂贵负担不起。

他总结了这些情况，上报至溪口成人学校，引起了溪口政府农科部门的重视。农科部门针对目前农村急于对土壤测土施肥的迫切性，采取了一定的实施方法。

土地的碱化严重,成为了虞如坤心头的一块大石。

巨大的经济效益体现却由不得他停下脚步,去深入地思考,并解决这些难题。

虞如坤在当时已经被推上了一个农业经济"神坛",而他本身就成为一个"神话"。

七 非凡的引领

时至 2009 年,虞如坤真正实现了让大家一起富起来的承诺。

这句承诺是对他母亲说,也是对他自己说过的。

同样他是坐在生他养他的剡溪边,对着四明大山承诺的。

虞如坤在这一年,通过政府有关部门的支持,成立了宁波市奉化银龙竹笋专业合作社,并担任社长。

合作社是劳动群众自愿联合起来进行合作生产、合作经营所建立的一种合作组织形式。虞如坤组建的银龙竹笋专业合作社,入社的成员以种植竹笋农户为主。

虞如坤作为一个农民,他自身已经走出了经济创收、发家致富的道路,但是如何带动农户、如何利用农村资源的问题,始终萦绕在他的心头。

这一模式让虞如坤走出了这一困境。

入社农户 276 户,社员竹笋种植面积 15000 余亩,2017 年销售额 2200 多万元。

这几个简单的数据,足以说明虞如坤创办这个银龙竹笋专业合作社的非凡意义。

这里用到了"非凡"两个字。为什么说虞如坤干的事情是非凡的?

试问,276 户农民,这些散落在深山、小村落的农民,他们原先的生活模式是开垦着为数不多田地、山林,这些土地能够带给他们的仅仅是温饱,甚至还要向政府部门伸手讨粮。贫穷两字,稳妥地按在他们头上,根本无力挣扎。

而银龙竹笋专业合作社的出现,让他们的生活有了转机。种植雷笋彻底改变了这些人的命运,他们活得开始硬气起来,开始活得滋润起来。那"非凡"两字有何不可?

试问,15000 亩土地,是什么样的概念?这些土地、山林,往年种植的都是经济价值极低的农作物,甚至是荒废的林地。土地的浪费是最可耻的,人们由于劳动力的缺乏和科技工具的缺乏,导致溪口镇附近的农村土地被闲置,而合作社让这些土地重新焕发了青春,改善了四明山脉的大环境。一眼望去,碧玉青葱的竹林,那岂不是人间仙境?

咱们再实惠些,2200 万元的销售额,这些可是切切实实地落进了农民的口袋里。拿这些钱,人们可是理直气壮,因为那可都是一分一厘人们在山林间挖出来的。

这些农民们说:以前都是看天吃饭,指着政府补助,伸手要钱，现在有问题，自己解决。为什么？因为口袋里有钱了，该给政府挑些担子了。

"一个人富不算富，大家一起富才算富。"这是虞如坤常说的一句话。

合作社在各级政府的支持下，坚持服务宗旨和"三位一体"经营模式，开拓进取，创新发展，成功走出一条农村一二三产融合发展之路，为农业增效、农民增收，推动竹笋产业发展，做出了重要贡献。

银龙竹笋专业合作社在虞如坤的带领下，路越走越宽，展现了农民自身的力量，这些光芒已经被隐藏得太久。在现代科技兴农的大环境下，闪现着耀眼的光芒。

2012年以来，以合作社为依托，相继建立了中国林学会竹子分会奉化服务站、宁波市林联竹子研究所、宁波市奉化区竹笋专业技术协会，致力于科研服务。

加强技术培训，年受训农户500~600人次，通过技术创新、培训示范，提高全体成员的技术素质，并带动了周边农户。

2013年建立了低收入农户慈善扶贫基地和残疾人扶贫基地，共落实帮扶对象65户，辐射带动低收入农户98户。

推行标准化生产技术，发放农资化肥，开展灾后生产自救。

合作社社员都持有一张"丰收卡"，每位社员都享有奉化农商银行低息信用贷款5万-10万元，解决社员购买生产资料资金困难，这一信用合作做法坚持了5年。

开通农产品网络销售，成立宁波剡光贸易有限公司，开办天猫溪口旗舰店，开展农产品线上销售，把奉化传统农特产品推向全国；利用多功能社会化公益性服务平台，保障和维护农户根本利益，让农户们从根本上在合作社发展中得到实惠。

第三部曲 拔 节

一 成功背后的忧虑

"绿水青山就是金山银山。"这句话记在虞如坤的笔记本上。他特地翻开让我看。

他的字有些劲道,跟他握锄柄的手同样有力。

对他接近一年的采访,也快接近尾声。

我坐在他的对面,口中不免对如此一个白手起家、颠覆农村耕作生活方式的农民,有了夸赞之词。

他却摇了摇头。我感到奇怪,无论怎样,他可以说已经实现极大经济收入,同时也实现了自身的价值。为什么却还是有不满?

虞如坤说:有些事情,确实我做到了。但有些事情,我却因为自身思想的浅薄,并没有真正做到造福于民。

他翻开了那本笔记本。这本笔记里面摘录的是他一些摘抄的语录。

我接过他递过来的笔记,仔细看了起来。

里面是一些习近平主席近年来的语录。这些语录有一个共同的特点,都是关于生态环境保护的。

里面分别摘录着一条条警世良言:

生态环境保护是功在当代、利在千秋的事业。要清醒认识保护生态环境、治理环境污染的紧迫性和艰巨性,清醒认识加强生态文明建设的重要性和必要性,以对人民群众、对子孙后代高度负责的态度和责任,真正下决心把环境污染治理好、把生态环境建设好,努力走向社会主义生态文明新时代,为人民创造良好生产生活环境。

——2013年5月24日,习近平在中共中央政治局第六次集体学习时指出

我们既要绿水青山,也要金山银山。宁要绿水青山,不要金山银山,而且绿水青山就是金山银山。我们绝不能以牺牲生态环境为代价换取经济的一时发展。我们提出了建设生态文明、建设美丽中国的战略任务,给子孙留下天蓝、地绿、水净的美好家园。

建设生态文明是关系人民福祉、关系民族未来的大计。中国

要实现工业化、城镇化、信息化、农业现代化，必须要走出一条新的发展道路。中国明确把生态环境保护摆在更加突出的位置。

——2013年9月7日，习近平在哈萨克斯坦纳扎尔巴耶夫大学回答学生问题时指出

我们要认识到，山水林田湖是一个生命共同体，人的命脉在田，田的命脉在水，水的命脉在山，山的命脉在土，土的命脉在树。

——2013年11月9日，习近平在党的十八届三中全会上作关于《中共中央关于全面深化改革若干重大问题的决定》的说明时指出

绿水青山和金山银山不是对立的，关键在人，关键在思路。保护生态环境就是保护生产力，改善生态环境就是发展生产力。让绿水青山充分发挥经济社会效益，不是要把它破坏了，而是要把它保护得更好。

——2014年3月7日，习近平在参加贵州代表团审议时指出

环境就是民生，青山就是美丽，蓝天也是幸福。要着力推动生态环境保护，像保护眼睛一样保护生态环境，像对待生命一样对待生态环境。

——2015年3月6日，习近平在参加江西代表团审议时强调

致富 杨红 摄

要加强生态文明建设,划定生态保护红线,为可持续发展留足空间,为子孙后代留下天蓝地绿水清的家园。

——2016年3月7日,习近平在参加黑龙江代表团审议时强调

生态环境没有替代品,用之不觉,失之难存。在生态环境保护建设上,一定要树立大局观、长远观、整体观,坚持保护优先,坚持节约资源和保护环境的基本国策,像保护眼睛一样保护生态环境,像对待生命一样对待生态环境,推动形成绿色发展方式和生活方式。

——2016年3月10日,习近平在参加青海代表团审议时强调

绿水青山不仅是金山银山,也是人民群众健康的重要保障。对生态环境污染问题,各级党委和政府必须高度重视,要正视问题、着力解决问题,而不要去掩盖问题。

——2016年8月19日,《在全国卫生与健康大会上的讲话》

坚决摒弃损害甚至破坏生态环境的发展模式,坚决摒弃以牺牲生态环境换取一时一地经济增长的做法,让良好生态环境成为人民生活的增长点、成为经济社会持续健康发展的支撑点、成为展现我国良好形象的发力点,让中华大地天更蓝、山更绿、水更

清、环境更优美。

——2017年5月26日,习近平在中共中央政治局第四十一次集体学习时强调

建设生态文明是中华民族永续发展的千年大计。

必须树立和践行绿水青山就是金山银山的理念,坚持节约资源和保护环境的基本国策,像对待生命一样对待生态环境,统筹山水田林湖草系统治理,实行最严格的生态环境保护制度,形成绿色发展方式和生活方式,坚定走生产发展、生活富裕、生态良好的文明发展道路,建设美丽中国,为人民创造良好生产生活环境,为全球生态安全作出贡献。

——2017年10月18日,习近平在中共十九大报告中强调

虞如坤说:这些语录正是我对自己不满的缘由,随着我们农村家庭收入的提高,土地付出的代价也是巨大的。

附虞如坤在2018年10月28日宁波市科学大会上的发言稿。

求竹笋最大值　圆竹农致富梦

宁波林业乡土专家　奉化银龙竹笋专业合作社

虞如坤

我今天汇报的题目是"求竹笋最大值,圆竹农致富梦"。

银龙谷系列图片一

我是虞如坤,现任奉化银龙竹笋专业合作社社长,宁波市人大代表,省市林业乡土专家、全国科普惠农兴村带头人。自1979年高中毕业至今一直与泥土打交道,38年来与雷竹结下不解之缘。上世纪80年代到90年代初,我率先创立和广泛应用雷竹覆盖栽培技术。当时,传统方式生产的大地雷笋,一亩最多也就500元左右收入。我开始寻思和琢磨:如何通过覆盖提高地温,提早出笋期,来提高笋的价格。于是我在自己地里分别采用稻草、竹木屑、竹叶、地膜、砻糠等不同材料进行对比试验,经过几年的不断试验,终于在90年代初,在10余亩雷竹大棚覆盖中,获得了理想的收益,当年覆盖产值达到30多万元,第一次尝到了科技育竹的甜头。雷笋亩均纯收入从原来的500元增长到15000元,在示范作用下,其他竹农也纷纷效仿,覆盖技术很快在全镇范围得到推广应用,雷竹种植面积也随之大幅度增加。

21世纪初,奉化实施"雷竹夏秋季出笋技术研究与推广"国家级星火计划示范项目。我作为镇农业创新小组主要成员,经过连续5年对比试验获得成功。出笋期比大地雷笋足足提前了120天左右,雷笋平均亩纯收入突破2万元,在原来提高的基础上又提高了5000元。

近些年来,由于雷竹多年覆盖,过量施用鸭泥,全区雷竹林地土壤普遍碱化,导致竹林衰败,产量下降,覆盖面积逐年减少,严重威胁到产业的发展。我把覆盖材料的创新作为重大课题，组织技术人员进行技术攻关。从2014年起开始实施"食用菌下脚料循环利用"技术的试验，即采用食用菌下脚料作为覆盖发热层材料，完全取代鸭泥的做法。经连续三年试验，取得了十分显著的成效，雷笋亩纯收入从原来的2万元再次提高到3~4万元，同时收到了良好的社会效益和生态效益。

一花独放不算春，百花齐放春满园。为了带领山区农民共同致富，继续做好竹文章。2009年，我牵头组建了奉化银龙竹笋专业合作社，现有社员276户，竹笋种植面积15000余亩。这些年，我以合作社为平台，积极发挥乡土专家作用，带动辐射奉化区竹农，目前雷竹已成为农民的致富竹，成为当地特色农业支柱产业。我主要做好了4项工作：

1. 技术创新，多元化发展。

2012年开始，以合作社为依托，相继成立了奉化区竹笋专业技术协会、中国林学会竹子分会奉化服务站、宁波市林联竹子研究所，通过国内顶级专家团队的鼎力相助和近10家省内外高等院校的技术合作，先后组织实施了"雷竹低产林改造"、"毛竹覆盖春笋冬出"、"竹笋热泵烘干"、"水蜜桃主杆型扶杆控枝密植高产栽培技术"、"金线莲林下仿野生种植"等20多个科技攻关项目。通过项目示范、技术培训和新技术推广，提高社员技术素质和经营水平，并通过他们带动周边广大农户。

2. 注重品牌建设，提高产品知名度。

重视并抓好农产品质量提升工作，推行标准化生产技术，目前我社注册的"山丁丁"商标，被认定为"宁波市知名商标"，浙江省特色农产品（雷笋）知名品牌，今年8月，"溪口雷笋"农产品地理标志，通过国家农业部审定。通过品牌带动和品牌传播，既扩大了影响，又激发了农户生产积极性。

3. 实行"三位一体"，惠及广大农户。

推行标准化生产技术，建立有机、绿色、无公害、森林食品基地5个。加强与奉化农商银行信用合作，合作社社员可享有5~10万元的低息信用贷款，解决社员生产资金困难。去年6月，合作社旗下的宁波剡光贸易有限公司开办了天猫商城"溪口旗舰店"，并投入运营。在今年水蜜桃网上销售中，共销售水蜜桃4.2万单，登上水蜜桃品牌"热搜榜"全国第一，奉化水蜜桃网上销售量第一，获销售满意率99%以上，前不久，奉化水蜜桃又被阿里巴巴公司列入"全国140个区域农产品品牌"的首批14个品牌培育名单。

4. 重视深加工，提高附加值。

在目前竹笋加工业不景气情况下，我和合作社社员一起迎难而上，筹建两条流水线：一条竹笋热泵智能化烘干流水线，一条油焖笋系列现代化标准生产流水线。目前厂房已开工建设，并计划定点带动一批油焖笋民间加工作坊，统一生产技术，统一质量标准，统一包装，统一使用产品标识，做到规模化生产，提高产品附加值。

今后，我将继续牢记乡土专家使命，带领团队不断进取，努力追求竹笋的最大值,为农业增效,农民增收做出新的贡献!

2017 年 10 月 30 日

  笋农们开辟大面积山地种植雷竹,为了提高雷笋的产量,使用的鸭泥、砻糠,导致土地的碱化。

  虞如坤说这个现象是无法控制的,你不可能让老百姓放弃手中的致富法宝,去砍掉竹林,减少家庭收入。这样长期下去农村的土地将面临全面碱化的危机。

  他的言语中透露着一个农民对土地的感情。个人对更大成功的渴望与对乡镇土地的全局观产生了博弈。

  他叙述着这几年来对此深深的忧虑,这些忧虑来自于一个以土地为根本、以农业为生命的农民。

  同样,他也在苦苦寻找着解决之道。

  他颠覆了当地农业的传统耕作模式,却也恰恰是毁损土地的始作俑者。这一矛盾让虞如坤自己哭笑不得。

  他不断地实验,最多的是失败。

  难道真的没有解决的办法了吗?终于,在一个清晨,让虞如坤伤透脑筋的事情有了重大的转机。

银龙谷系列图片二

二 神奇的"废物"

湖山村下周家的附近河滩上出现了一些奇异的"废弃物"。

村民们对此物苦不堪言。

这些"废弃物",如同一个药渣袋,扒开以后,里面有类似木屑的东西。这些东西到底从何而来,怎样处理它们?成了村民们的一块心病。

一到汛期,这些搁浅在河滩上的"废弃物"纷纷随着潮水涌入农田里、鱼塘里。大量的"废弃物",一旦散开,村民们只能花费大量的时间去捞。

虞如坤也对此烦着心。他要看看这些东西到底是怎样"飞"到这里来的。

正所谓"有心栽花花不开,无心插柳柳成荫"。喜欢刨根问底的虞如坤正因为此次事件,又一次改变了雷笋的栽培技术。

虞如坤接连几天的清晨"埋伏"在河岸边。他等的就是那些"天外来客"。终于,在一天清晨,他等到了这些拉着整车"废弃物"的客人。

一辆拖拉机载着一车的"废弃物",开始在河滩上倾倒。虞如坤上前查问,原来这些东西是食用菌的下脚料。

这些食用菌下脚料由生产食用菌的工厂废弃,工厂委托这些拖拉机手，去抛弃这些下脚料。

虞如坤开始研究这些所谓的废弃物。他先联系了食用菌工厂的厂长，询问这些下脚料的组成。发现这些食用菌的下脚料的主要成分是木屑、麦麸和残余菌丝体，其保水性、通透性良好，能为作物生长创造良好的根际环境，还可为作物提供大量养分。因此，食用菌废料可完全或部分替代鸭泥发热。

虞如坤的心头澎湃了起来，这些让食用菌生产工厂头疼的废物，如果真正能够使用到雷竹栽培上，不仅仅能够在成本上大量缩减，而且最重要的是能够达到环保的作用。

2014年，虞如坤在自家的雷竹地上开展了食用菌下脚料循环利用技术实验。

这次他卷起了他的袖口，背上了锄头，手握测温计。他要改变溪口镇土壤大面积碱化的现状，消化本地食用菌生产工厂带来的环保污染。

虞如坤明白，这项实验的成功与否，关系着经济民生和本土生态环境，已经不仅仅是他个人的利益了。

他分别在五块实验田里，铺上了不同厚度的下脚料，并对同一时间段的温度，进行了记录，查看雷竹竹鞭的发芽情况。

记录本上密密麻麻地记录着不同日期，对应着的温度和雷竹笋芽生长状态。

最终，经过一年的实验，虞如坤初步完成了食用菌下脚料循环利用技术实验，并且取得了大面积推广的理论依据。

食用菌下脚料循环利用技术试验，即以食用菌下脚料完全替代鸭泥进行覆盖试验。

其效果非常显著，通过理论和实践，虞如坤总结出至少有5个方面好处：

一是有利于土壤改良，有效避免多年来想解决未能解决的鸭泥施用过量，导致土壤碱化、竹林衰败老大难问题。

二是节约生产成本，增加收入，使用食用菌下脚料替代鸭泥发热，每亩可节约成本3500元，减少砻糠用量，节约砻糠成本2500元，减轻劳动强度，节约劳动成本500元，每亩大概可节约6500元。

三是笋的品质得到改善，主要表现在出笋提早5~7天，同块竹园出笋均衡，笋的色泽统一，有效解决了烂壳笋、"长枪笋"现象，优质笋达到95%以上，笋的单价将提高1~2元。经济效益明显，每亩可节本增收1.25万元左右。

四是农业废弃物得到循环利用，溪口雷竹覆盖面积多，如采用该技术，基本能消化本地及周边地区食用菌生产所产生的废料，实现变废为宝。

五是减少农业面源污染，巩固五水共治成果，最大限度地减少鸭泥运输过程中造成的空气污染，以及施用过程中对水源和环境的污染。

有了这一技术的支持，虞如坤开始了对雷竹种植土地改良。

他带领竹农开展了土壤改良，采用添加客土、间隔砍伐翻土和平衡施肥等措施，降低土壤碱性。

他还从上海购进 40 吨的"田力宝"生物肥，无偿地提供给合作社的竹笋户施用，收到了较好的效果。

变废为宝，虞如坤终于找到了解决土壤大面积碱化的办法。

深埋在他心头的环保问题，也迎刃而解。

在一定意义上，他完成了自我的救赎。

在奉化电视台第五期的《乡村振兴》栏目中，虞如坤与他的老朋友——宁波市顺源农业科技有限公司总经理吴海云唠起了家常。

他们的结缘正是来自于那些食用菌的下脚料。同样是在土地上"挖金"的人，他们之间的联系就变得十分有意思了。

"视雷笋如生命"的虞如坤，他要找的是能够代替鸭泥的高效环保物料。栽培食用菌已经实现大规模流水线生产的吴海云，他要处理大批量的食用菌下脚料，也就是杏鲍菇等食用菌的菌包。

虞如坤找到了"宝"，吴海云再也不用担心如何处理这些成吨的下脚料了。

两个人都利用土地赚到了钱，但是在他们各自的心里同样压着等价的忧。

溪口镇的雷笋产业大面积扩大，笋农们的眼睛开始只盯在经济效益上。对于农民们来说，能够赚到更多的钱，过上更好的日子，天经地义，无可厚非。

于是镇上的靠近雷笋基地——班溪里的水,一到下雨就开始泛起红色。空气里弥漫着鸭泥、猪粪的臭味。种植雷笋的土地开始大面积碱化。

这些可怕现象让虞如坤忧心如焚。他明白所有的一切来自于笋农们滥用鸭泥,急于增强雷笋出笋率。如果这一切继续下去,农业污染会带给整个溪口古镇前所未有的灾难。人们会把辛辛苦苦建立起来的雷笋产业链亲自断送掉。

整个溪口镇的雷笋种植面积已经达到四万多亩,经过虞如坤的排摸,约有70%面积的雷笋种植土地已经碱化。

种植户樊开伦对此深有感触。他是银龙竹笋专业合作社的社员,种植雷笋也有些年头。

五十出头的樊开伦尝到了栽培雷笋带给他的甜头,也同样吃着田间雷笋培育的苦头。

鸭泥的臭味,发热的不稳定性,给他的感受是可控性差,经济效益降低。加上土地开始碱化,出笋率的降低,让他的种植热情有了一定程度的减弱。

虞如坤在彻底了解食用菌下脚料的成分、功效以后,开始自己试验,最终把这一颠覆性的技术开始向其他笋农推广。

樊开伦开始在自己的一亩多雷竹地里采用食用菌下脚料。虞如坤和他两个人蹲守在雷竹地里。虞如坤知道他这个社长,能让人信服的唯有实干。

银龙谷系列图片三

作为银龙合作社社长，帮扶社员是职责所在。但名为帮扶，其中的很多心酸，是虞如坤难以言表的。

社员们基本上以农业经济收入为主，对于他们来说，经济收入就是天。一旦触动这根底线，任何的劝说都无济于事。想让笋农们改变现在的栽培方式，也就意味着让他们放弃已经形成的劳作习惯。虞如坤的异想天开，往往与传统的农业模式相悖。

他得动动脑筋。他找到了樊开伦这个点。只要有几个种植点开了花，其他的笋农都会一呼百应，纷纷跟上。

皇天不负有心人。

樊开伦第一年就尝到了甜头。他脸上的褶子舒展开来了，心里再次对种植雷笋有了信心。

农民的话语永远是朴实的。

樊开伦说：尝试用杏鲍菇的下脚料一年后，第一个好处，这种下脚料它没有气味，下地干活再也不臭了，以前用鸭泥，臭不拉几的，一整天下来，人的胃口也没有了。

第二个好处，是增产。它温度控制得比较好，不像以前用鸭泥，有时候温度太高，有时候又太低，对于雷笋的出笋可控性太差。在效益方面，它确实减少了不少成本。一个它厚度不用太高，能够减低砻糠的使用厚度，原先每一厘米厚的砻糠要500到600元钱，现在每一亩的成本能够减少至少6000元。对我们笋农来说这是件天大的好事。

第三个好处,是笋出得不一样了。以前由于鸭泥的不稳定性,会导致很多雷笋出现长枪笋、烂壳笋,卖到宁波等城市里去,价格就上不去。用了这个下脚料后,笋的品质提高了很多。笋的长度下来了,能够低五到六厘米,这意味着笋变得更加粗壮,糖度、口感全部提升了一个档次。而且,笋的品质一提高,价格也同样上去,能够比同类产品高出一二块钱,一亩能够增收6000多元。这样一下来,一亩能够增加一万二千元。

樊开伦的脸有着农民特有的黑色,那是阳光的恩赐。

他用了一个成语来形容这个与他日夜作息在雷竹地里的老大哥——虞如坤:呕心沥血。

这个朴实的农民不会伪善。他说,让我们有好日子过的政府就是好政府。让我们能够用自己的力气赚到更多钱的人,就是我们的领头人。

虞如坤这招节本增收的奇招,达到了三个效益。第一个,社会效益。第二个,经济效益。第三个,环境效益。三个效益融为一体,让他为之奋斗的雷笋事业,再次展现出强劲的后续力。

银龙竹笋合作社对十三户低收入农户进行了保护、帮扶,以免他们因为经济方面的问题,跟不上雷笋栽培的改革。同期,这十三户农户的每亩雷笋经济收入也达到了万元以上。

奉化区农业农村局副局长王冬宁对虞如坤的赞誉,直接用了"宝贝"两个字。

她说:他就是我们农村产业里的宝贝,像他们这样的新型农民远远超出了农民这个身份概念。他们既懂技术，又会摸索，并且还懂市场。虞如坤，他会不断把一些新的理念、新的种植技术加入到我们传统农业上。实际上他是我们传统农业转型过程中的开拓者、领头雁。奉化还有很多这样的新型农业经营者。这些新型农民，他们身上有共同的特点：规模化的种植，商品化、标准化的生产，品牌化的营销。正因为他们技术上的成熟和营销理念的先进，所以他们也代表着未来农业发展的一个方向。

三 "一枝独秀"的水蜜桃

七月的奉化，有一种甜蜜在悄悄成熟。

我打电话给虞如坤，雷笋季节刚刚过去，我想找他了解一下今年银龙合作社的销售情况。电话那边的声音照例模糊不清。他仍旧在山里，他说我的水蜜桃成熟了……

我听不清他的语音，信号实在太差了。

我只好去山里找他。

烈日的照耀下，所有人都戴着草帽，忙碌在桃树下。

桃林非常干净。三叉分开的桃树下，杂草很少。

一眼望去，碧海一般的桃林。水蜜桃都穿着一件"外套"，那是桃农们专门为桃子定制的保护纸袋。它能够防止病虫害、雨水的侵袭。

找到虞如坤时,他正在一筐一筐地检测桃子。

他掀开草帽,抹着额头上的汗珠子,脸上一如既往地憨笑着。

这是一种丰收的喜悦。桃林里的每个人,传递着丰收的喜悦。他们摘下一颗颗透露着成熟红色的果实,小心地安放在竹筐里。

虞如坤说:这些桃子下午就发往全国各地了,最多两天,全国各地的人们都能够吃到透骨新鲜的水蜜桃。现在咱们都是网络上销售,质量得个个保证,不允许出现一个烂桃。个头也得保证,你看,起码像这样的桃子,才能销售。

我看了看,他手头的那个桃子,起码二两以上。

我知道他的儿子正在管理网络的销售。年轻一代的新生力量正在发挥他们的聪明才智,聪明的虞如坤知道不能够与世界脱节。

2018年,合作社的桃子成了吃货界的网红。

在淘宝平台上,虞如坤的儿子——虞波杰做着他父亲不敢想的事情。他要"贩卖"整个奉化。

这是一个长相憨厚、眼睛里却透着光的小伙子。与他的交谈中,发现似乎父亲的成就已经远远不能够满足他对事业的要求了。

他要把奉化所有的特产介绍给全世界。

对于奉化的水蜜桃,虞波杰阐述起它的历史,并不比他父亲逊色。他向我娓娓介绍奉化水蜜桃的悠远历史:

银龙谷系列图片四

奉化水蜜桃被誉为"中国之最",有"琼浆玉露,瑶池珍品"之誉,并且果型美观、肉质细软、汁多味甜、香气浓郁、皮薄易剥、入口即溶,是浙江省宁波市奉化区特产,中国国家地理标志产品。

据史料记载,奉化栽桃已有2000多年历史,水蜜桃已经成为奉化区的传统名果,也是中国四大传统名优桃之一。

1980年农业出版社出版的《落叶果林分类学》一书,称奉化水蜜桃是"我国水蜜桃中最有名的品种";国内外桃子专家也一致评价"奉化水蜜桃品质为全国之最,堪称中国第一桃"。

自1996年奉化区被国务院发展研究中心等部门联合命名为"中国水蜜桃之乡"以来,奉化水蜜桃产业得到了持续、快速的发展,成为奉化农民增收的支柱产业。

银龙合作社旗下成立的宁波剡光贸易有限公司于2017年在天猫平台开办了"溪口旗舰店",开始把本地雷笋、特产水蜜桃、芋艿头等各种奉化特产推向全网络。

一张傲人的销售成绩单,再一次证明了虞如坤超前的商业眼光。

水蜜桃销售4万多单。

登上水蜜桃淘品牌"热搜榜"全国第一。

奉化水蜜桃网上销售量第一,消费者满意率99%以上。

奉化水蜜桃被阿里巴巴公司列入"全国140个区域农产品品牌"的首批14个品牌培育名单。

他已经不仅仅是一个农民。

虞如坤种植水蜜桃也有些年头了，他现在又动起了改良水蜜桃的脑筋。

传统的水蜜桃树，树形主干大多以三枝、二枝为主要形状。虞如坤发现这种桃树的缺点在于，种植面积大，出果率小。

他要把这传统的水蜜桃树改成"一枝独秀"。

"一枝独秀"就是仅仅让桃树留下一根主杆。这一大胆的想法让合作社的社员们都笑了起来。

社员们说：老虞，你这又是异想天开了。别说这一个树杈子根本立不起来，就算立起来了，风一吹，还不满地掉果子？就算整年不刮风，到时候，它长个二三米，给果子包袋、除虫都成问题！

社员们提出的这些问题，虞如坤早想到了。他不光想到了，他还早早地在外面打探过了。这一新型技术，在其他地区也有了开发和研究。

这一新型的技术被称为"水蜜桃主杆形扶杆控枝密植高产栽培技术"。这一技术在国外已有不少研究，特别是日本更具系统性和完整性。

自2015年开始，虞如坤对此项技术开始投入试验，引进桃树品种3个，种植面积3亩，采取密植种植，每亩270棵。

第二年开始产出，通过实践和试验结果，虞如坤的异想天开又有了实实在在的结果。

虞如坤既继承着祖祖辈辈流传下来的农业宝贵资源，又用他的异想天开颠覆着传统农业的埋头井底劳作方式。

"水蜜桃主杆形扶杆控枝密植高产栽培技术"，是一项颠覆传统水蜜桃栽培的新型技术。

它的优势给农民带来了实实在在的丰收。

优势主要体现在五个方面：

1. 产量高，水蜜桃亩产4000公斤，比本地常规水蜜桃每亩高出2000公斤。

2. 桃树主杆形栽培，有利于光合作用，果实外形，内在品质整体均衡。

3. 采收时间早，与本地同等水蜜桃相比，从挂果到采收，时间可缩短3~5天，一般在6月中旬可采摘。

4. 品种优良。桃子果形大、色泽好、糖度高、品质好。

5. 成林早，产出早，一般第一年栽种的桃树苗，第二年就能结果。

虞如坤的农业天地随着他的亲身实践，随着他的异想天开，铺展在溪口这方年代悠远、恬静丰饶的土地上。

四　求人生的最大值

"求竹笋最大值，圆竹农致富梦。"这是2017年虞如坤在宁波市科技大会上的发言标题。

这个求最大值,也正是虞如坤他对自身的要求。

作为一个农民,他现在身上的荣誉并不少:全国科普惠农兴村带头人、浙江省林业乡土专家、浙江省雷竹大师等等,这些全国性的、省级的荣誉,与虚名无关。这些名头对于虞如坤来说,都是在山间土里的,都是带着泥土的气息的。

在中国的竹子圈里,虞如坤有了一定的名气。

说起老虞,有关雷竹的问题,尽可以请教他。"雷竹大师"这个名头是二十多年来虞如坤钻研竹子的见证。但他也知道,只靠一个人的智慧解决不了雷竹上所有问题,必须依靠科研单位的智力优势,必须引进新的科技成果。于是,他开启了引智引才这扇大门,决心把竹笋产业做大做强。

在政府和有关部门的支持下,2014年成立了"宁波市林联竹子研究所";通过科协牵线搭桥,建立了"中国林学会专家服务站",得到了顶级科技团队的支持;修建起了雷竹基地、竹子研究所、农函大教室和竹文化科普馆;在溪口公棠村的公路边建起了8000多平方米的竹笋交易市场,解决竹农的销售场所。

在他的牵头下,林联竹子研究所与中国林学会、中国林科院、省林科院、宁波农科院、浙江万里学院、宁波城市职业技术学院建立了合作关系,杨承栋等国家级专家纷纷来溪口为竹笋产业献计献策,开展技术协作和技术攻关。"测土配方施肥""微生物肥土壤改良""竹笋高产栽培"等多项科技攻关项目陆续开展。

在市农机总站的帮助下建造烘房，争取每天加工鲜笋3吨。开展网上网下销售，解决竹农销售难的问题。在竹林下种植竹荪、金线莲和铁皮石斛，发展林下经济，增加竹园经济效益。

银龙竹笋合作社是奉化国家农产品质量安全县现场教学点和放心基地。作为社长，虞如坤对于产品质量的要求近乎苛刻。一到雷笋销售旺季，只有在生产基地才能寻到他的踪影。

近几年，合作社根据"三品一标"建设要求，建立并通过认证的有机、绿色、无公害、森林食品基地有5个。

合作社注册的"山丁丁"商标，被认定为"宁波市知名商标"，2018年6月评选为浙江省特色农产品知名品牌，雷笋产品在2017年中国（上海）国际竹产业博览会上评选为优质产品。

2018年9月3日由奉化区竹笋专业技术协会申报的"溪口雷笋"地理标志，在北京顺利通过了国家农业部农产品地理标志审定。地理标志的申报成功，对于推进产业发展，增加农民收入，促进农村经济建设具有重要意义。

合作社积极发挥专家服务站、研究所、协会作用，加强与省内外科研院校的技术合作，组织开展技术攻关，雷竹林地土壤改良、衰败竹林修复、鲜笋热泵烘干、毛竹"春笋冬出"、金线莲林下仿野生种植等项目均取得了成效。特别是"食用菌下脚料循环利用"与"水蜜桃主杆形扶杆控枝密植高产栽培"技术创新，对促进本地雷笋、水蜜桃产业发展有很大帮助，非常值得研究与推广。

银龙谷系列图片五

世界如今已经进入了信息化时代,互联网世界分分秒秒影响着人们的生活。虞如坤把眼光也投向了这一块他陌生的销售领域,他并没有墨守成规,合作社开始吸收更多的年轻新鲜力量,为合作社增添新鲜的血液。

合作社旗下宁波剡光贸易有限公司于2017年在天猫平台开办了"溪口旗舰店",网上销售本地雷笋、水蜜桃、芋艿头及各类应季水果。

以水蜜桃销售为例,2018年6月15日开始到8月底,共销售奉化水蜜桃4.2万单,为奉化区农产品网上销售起到了标杆作用。一度成为了食品界的网红产品,使奉化水蜜桃被全国消费者熟知,登上水蜜桃淘品牌"热搜榜"全国第一。

更值得虞如坤夸耀的是奉化水蜜桃网上销售量第一,消费者满意率99%以上。奉化水蜜桃被阿里巴巴公司列入"全国140个区域农产品品牌"的首批14个品牌培育名单,为今后线上销售奠定了坚实的基础。

"银龙谷"的入口,宛如一条蜿蜒着的巨龙,作势欲飞。

路的尽头,是一汪碧清的水潭,几只白鹭在水上嬉戏。

路旁是清明时节的野山笋,我俯下身躯,还未动手去拗那青嫩的小笋,似乎听见了那笋子拔节的声响。金线莲圆盾形的叶子铺在地上,紫红色的叶脉清晰可见,在阳光下散发出珍贵药材奇特的光芒。

抬头望向山巅,竟然有雄鹰翱翔,逶迤的青山围绕在四周。

生态环境的大力改善，让此处山林再次呈现了四明山的原始风貌。

这里便是奉化银龙竹笋专业合作社的示范基地——银龙谷。

虞如坤带着我们几个采风的作家开始参观这个奇妙的地方。

基地位于溪口镇公棠村道旁，沿着山岙里修建的水泥路，直通到底。

此处植被丰富，山水掩映，呈原生态状。

经虞如坤的介绍，示范基地面积约 1300 多亩。其中分布有竹笋基地 500 亩，水果 50 亩，金线莲 40 亩，钢架连栋大棚果蔬设施栽培 1600 平方米。

偏僻的山区，道路已经修了进来。修建作业道路达到 5000 多米，库容 2 万多立方米的山塘水库和 300 立方米的蓄水池，基本满足基地生产用水，生产基地应用喷滴灌及消防设施得到全覆盖。

此处的基地房屋建筑占地面积 1800 多平方米，分别是竹子研究所用房、农技实验室、冷库、烘房、生产管理房和竹科普文化馆等。

整个银龙谷形成竹子技术研究、有机竹笋栽培、水果采摘、林下经济、科普教育、休闲观光六个功能区。

据虞如坤介绍，下阶段将增加基地建设内容，加快建设竹文化休闲广场、竹科普文化馆、植物文化绿墙以及笋、竹制品展示展销场所，结合景观设施建设，把基地逐步打造成以竹文化为元素、自然生态游为目标的"银龙谷"休闲观光园。

虞如坤滔滔不绝地向我们阐述着他的梦想。

这个地方也许是他奋斗的一个缩影,承载着的东西超出了我们的想象。

他的头发略微有了花白的颜色,说出来的话句句实在,引领着我们踏在土地上的脚步是那么敦实。

正值雷笋季,虞如坤今天是五点半起床。

如同二十多年前的清晨,扛上一把锄头,出门挖笋。

家里的竹山承包反而减少了,他的大部分精力都投入到了合作社里。

合作社的雷笋加工车间,两条流水线上的工人们正在捡笋、挑笋,挑完品相好的雷笋后,工人们开始手工剥笋。

虞如坤带着我们进入生产车间,他捡起一颗雷笋说,这是他早上挖的笋,笋壳鲜红,不用裁,十分之九的部分都能够加工成油焖笋。

工人基本都是附近村庄的妇女,她们边剥笋边跟虞如坤打着招呼。对她们来说,虞如坤就是她们村庄里的老大哥。

我们也跟着她们剥笋。她们剥五颗,我们才剥一颗。于是虞如坤笑了起来,他说,要是我的姐妹们都像你们,那油焖笋是没得吃了。

我们注意到,虽然工人们都跟虞如坤开着玩笑,但他们都穿着胶鞋,戴着手套,手头上丝毫没有马虎。因为这些雷笋就是他们自家的,这是他们家庭经济收入的重头。

整个生产基地，车间划分整齐，流水作业分工明确。员工个个挂牌上岗，已经完全脱离了家庭作坊式的作业模式。在参观了一系列的现代化烘房、传统的烧制铁锅等制作流程后，最后的车间是速递公司的发货点。也就是说，从山上的竹林挖出新鲜的雷笋，到制成瓶装油焖笋，最后到外地消费者的口中，最短的时间仅仅需要两天。

我们开玩笑说："老虞，你为中国的吃货打通了一条快捷通道。"

是的，他为农村里的村民们，也打通了一条致富的快捷通道。为溪口镇政府产业的多元化，也打通了一条快捷通道。

步行至一片雷竹林，他弯下腰，拔除了竹子旁的一簇杂草。

虞如坤的背脊厚实，弯下来的背脊，刚好与远山的山脊合成一个弧度。

这是一个农民身上特有的气质，这种气质适合于山水，也融于山水。

浙江省供销合作社联合社、浙江省农民合作经济组织联合会的网站这样介绍虞如坤：

虞如坤：种了38年雷竹的乡土专家

人物名片：

虞如坤，男，1962年出生，中共党员，宁波市人大代表。现任宁波市奉化区银龙竹笋专业合作社理事长、奉化区溪口镇农民合作经济组织联合会副理事长，兼溪口镇供销社主任。曾被授予全国科普惠农兴村带头人、省林业乡土专家、宁波市十佳农产品经纪人等荣誉称号。合作社先后被授予省级示范性农民专业合作社、全省供销社系统百强农民专业合作社、国家级农民专业合作社示范社等称号。

继 2011 年被授予省农村科技示范户、2014 年被授予全国科普惠农兴村带头人等荣誉称号后，今年虞如坤又多了一个头衔——浙江省林业乡土专家。

虞如坤从事雷竹种植已有 38 年，一直致力于科技种竹。上世纪八十年代，他首创雷竹覆盖栽培技术；本世纪初，实施"雷竹夏秋季出笋技术研究与推广"国家级星火项目，取得显著成果。近 5 年来，他不断创新种植技术，使雷竹效益实现了三次质的飞跃，亩均纯收入从过去的 500 元左右提高到现在的 3~4 万元。

在自身发展的同时，他通过项目示范，积极带动合作社成员及广大农户，帮助提高雷竹种植技术和生产经营水平，促进科技成果转化和产业转型升级，实现农业增效、农民增收。如今，奉化区银龙竹笋专业合作社已有成员 276 户，竹笋种植面积 1.5 万亩；创建了 1300 亩雷笋产业园，建有有机雷笋、毛竹覆盖春笋冬出、金线莲林下仿野生种植、温室蔬果栽培等示范基地；成立了全国第一家雷竹民营科研机构——宁波市林联竹子研究所；实施"引智工程"，建立了中国林学会竹子分会奉化服务站，极大地增强了合作社的服务功能，提高了合作社的服务水平。

银龙谷系列图片——金线莲

作为溪口镇供销社主任及农合联副理事长，虞如坤积极参与供销社改革，推进生产供销信用"三位一体"农村合作经济组织体系建设。在生产合作方面，他带领合作社全体成员，全面推行标准化生产技术，建立了有机、绿色、无公害、森林食品生产基地。合作社注册的"山丁丁"商标，被认定为"宁波市知名商标""浙江省特色农产品（雷笋）知名品牌"，"溪口雷笋"被认定为国家农产品地理标志产品。目前，合作社正抓紧建设投资800万元的"竹笋烘干""油焖笋系列产品"两条生产流水线。

在供销合作方面，虞如坤积极探索新的流通方式，实行产供销一体化经营。2017年合作社销售额达到2200余万元。合作社在溪口建立了一个上规模的农产品交易市场，为农户销售农产品提供便利。合作社在天猫商城开设的"溪口农产品旗舰店"，2018年网上销售水蜜桃4.2万单，登上水蜜桃淘品牌"热搜榜"全国第一名。

在信用合作方面，合作社与奉化农商银行溪口支行合作，为每位成员提供5~10万元不等的无抵押信用农业贷款。这种贷款方式不仅手续简便，而且利率优惠，有效解决了农户的融资难题。

银龙合作社荣誉

2011 年 8 月被评为市级林业专业合作社

2011 年 10 月被评为宁波市示范性农民专业合作社

2012 年 2 月被评为 2011 年度奉化市食品安全示范点

2012 年 2 月被评为 2011 年度先进农村专业合作组织

2012 年 10 月被评为 2012 年度宁波市供销系统优秀专业合作社

2012 年 11 月被评为浙江省示范性农民专业合作社

2013 年 2 月被评为 2012 年度先进农村专业合作组织

2013 年 2 月被评为优秀农民专业合作社

2013 年 2 月被评为全省供销社百强农民专业合作社

2013 年 2 月被评为全省系统农民专业合作社示范社

2014 年 11 月被评为农产品质量安全放心基地示范点

2014 年 12 月被评为全国农民专业合作社示范社

2015 年 3 月被评为 2014 年度先进农村专业合作组织

2015 年 10 月被评为国家农产品质量安全县创建现场教学点

2016 年 6 月被评为全国科普惠农兴村先进单位

2016 年 10 月获浙江省 A 级"守合同重信用"企业

2016 年 12 月被评为国家农产品质量安全县放心基地

2016 年 12 月被评为国家农产品质量安全县创建现场教学点
2016 年 12 月被评为国家农民合作社示范社

附：

虞如坤个人荣誉

2009 年 12 月：宁波市科普带头人
2009 年 12 月：宁波市科普（科技）示范户
2011 年 2 月：奉化骄傲——十佳新型农民
2011 年 2 月：宁波市科协"科普惠农兴村计划"优秀科普带头人
2011 年 6 月：浙江省农村科技示范户
2011 年 12 月：浙江省优秀林业科技示范户
2012 年 12 月：宁波市第二届优秀农产品经纪人
2013 年 3 月：奉化市优秀种植大户
2013 年 9 月：浙江省科普惠农兴村带头人
2014 年 3 月：奉化市优秀购销大户
2014 年 6 月：宁波市林业乡土专家
2014 年 6 月：全国科普惠农兴村带头人
2014 年 6 月：全省百强农产品经纪人综合排名第 49 名

2014 年 10 月：宁波市第三届十佳农产品经纪人
2017 年 7 月：浙江省林业乡土专家
2017 年 7 月：浙江省雷竹大师
2017 年 12 月：省十佳合作经济人物
2018 年 4 月：奉化区劳动模范，宁波人大代表

虞如坤（图左）与专家探讨雷竹栽培技术

图右一为虞如坤介绍奉化水蜜桃